# CADERNO DE ATIVIDADES

**Organizadora: Editora Moderna**
Obra coletiva concebida, desenvolvida
e produzida pela Editora Moderna.

**Editora Executiva:**
Mônica Franco Jacintho

CB053011

5ª edição

Moderna

© Editora Moderna, 2018

**Coordenação editorial:** Mônica Franco Jacintho, Debora Silvestre Missias Alves
**Edição de texto:** Debora Silvestre Missias Alves, José Gabriel Arroio, José Paulo Brait, Mônica Franco Jacintho, Glaucia Amaral de Lana
**Assistência editorial:** Solange Scattolini
**Gerência de *design* e produção gráfica:** Sandra Botelho de Carvalho Homma
**Coordenação de produção:** Everson de Paula, Patrícia Costa
**Suporte administrativo editorial:** Maria de Lourdes Rodrigues
**Coordenação de *design* e projetos visuais:** Marta Cerqueira Leite
**Projeto gráfico e capa:** Daniel Messias, Otávio dos Santos
**Pesquisa iconográfica para capa:** Daniel Messias, Otávio dos Santos, Bruno Tonel
    *Fotos*: Helena Schaeder Söderberg/Getty Images
**Coordenação de arte:** Carolina de Oliveira
**Edição de arte:** Edivar Goularth
**Editoração eletrônica:** Estação das Teclas Editorial Ltda-ME
**Coordenação de revisão:** Elaine C. del Nero
**Revisão:** Palavra Nova, Renata Palermo, Renato da Rocha
**Coordenação de pesquisa iconográfica:** Luciano Baneza Gabarron
**Pesquisa iconográfica:** Cristina Mota
**Coordenação de *bureau*:** Rubens M. Rodrigues
**Tratamento de imagens:** Fernando Bertolo, Joel Aparecido, Luiz Carlos Costa, Marina M. Buzzinaro
**Pré-impressão:** Alexandre Petreca, Everton L. de Oliveira, Marcio H. Kamoto, Vitória Souza
**Coordenação de produção industrial:** Wendell Monteiro
**Impressão e acabamento:** Log & Print Gráfica e Logística S.A.
    Lote: 752426
    Código: 24113452

**Elaboração de originais**

**Camila dos Santos Ribeiro**
Bacharel em Letras pela Universidade de São Paulo.
Mestre em Letras pela Universidade de São Paulo. Editora.

**José Gabriel Arroio**
Bacharel e Licenciado em Letras pela Faculdade de Filosofia,
Ciências e Letras Nossa Senhora Medianeira. Editor.

**José Paulo Brait**
Bacharel e licenciado em Letras pela Faculdade Ibero-Americana de
Letras e Ciências Humanas. Editor.

**Mônica Franco Jacintho**
Bacharel em Comunicação Social pela Escola de Comunicações
e Artes da Universidade de São Paulo. Editora.

**Regiane de Cássia Thahira**
Bacharel em Letras pela Universidade de São Paulo.
Bacharel em Comunicação Social pela Universidade Metodista
de São Paulo. Editora.

**Glaucia Amaral de Lana**
Pós-graduada em Comunicação Social pela Universidade
de São Paulo.
Bacharel em Letras pela Universidade Estadual Paulista
"Júlio de Mesquita Filho". Editora.

**Ana Santinato**
Licenciada em Letras pela Pontifícia Universidade Católica
de Campinas.
Bacharel em Comunicação Social pela Pontifícia Universidade
Católica de Campinas.

**Ariete Alves de Andrade**
Licenciada em Letras pela Pontifícia Universidade Católica
de Campinas.

**Benedicta Aparecida dos Santos**
Mestre em Filologia e Língua Portuguesa pela Universidade
de São Paulo.

**Fernando Cohen**
Bacharel e Licenciado em Letras pela Universidade de São Paulo.
Mestre em Literatura Brasileira pela Universidade de São Paulo.

**Tatiana Fadel**
Bacharel em Letras pela Universidade Estadual de Campinas.

**Dados Internacionais de Catalogação na Publicação (CIP)**
**(Câmara Brasileira do Livro, SP, Brasil)**

Araribá plus : português: caderno de atividades /
organizadora Editora Moderna ; obra coletiva
concebida, desenvolvida e produzida pela Editora
Moderna ; editora executiva Mônica Franco
Jacintho — 5. ed. — São Paulo : Editora Moderna, 2018.

Obra em 4 v. para alunos do 6º ao 9º ano.

1. Português (Ensino Fundamental) I. Moderna,
Editora. II. Jacintho, Mônica Franco.

18-16663                                    CDD-372.6

**Índices para catálogo sistemático:**
1. Português : Ensino Fundamental      372.6
Maria Alice Ferreira – Bibliotecária – CRB-8/7964

**ISBN 978-85-16-11345-2 (LA)**
**ISBN 978-85-16-11346-9 (LP)**

**EDITORA MODERNA LTDA.**
Rua Padre Adelino, 758 – Belenzinho
São Paulo – SP – Brasil – CEP 03303-904
Vendas e Atendimento: Tel. (0_ _11) 2602-5510
Fax (0_ _11) 2790-1501
www.moderna.com.br
2022
Impresso no Brasil

1 3 5 7 9 10 8 6 4 2

**Imagem de capa**
A imagem da capa destaca, por meio de uma cena
de trabalho em um estúdio de som, a importância da
linguagem oral.

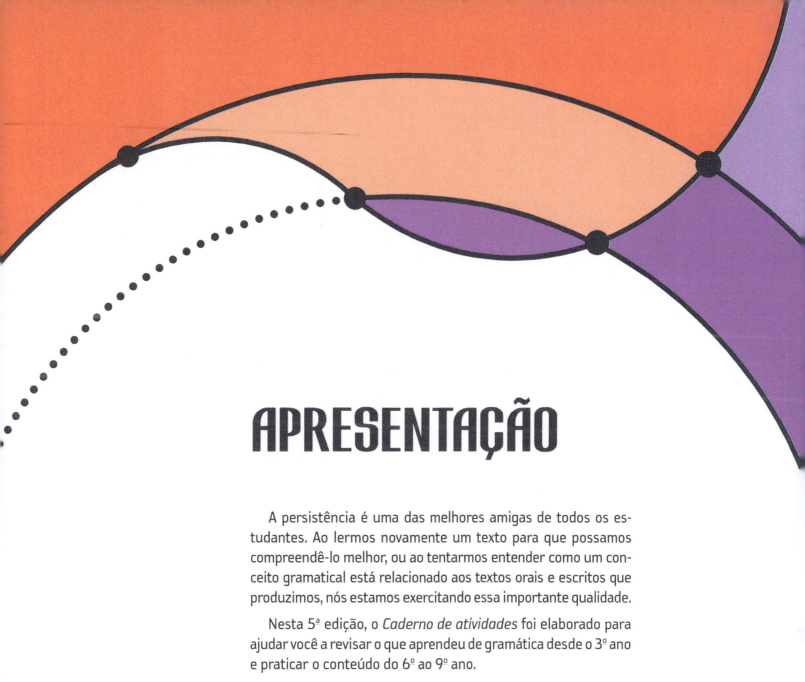

# APRESENTAÇÃO

A persistência é uma das melhores amigas de todos os estudantes. Ao lermos novamente um texto para que possamos compreendê-lo melhor, ou ao tentarmos entender como um conceito gramatical está relacionado aos textos orais e escritos que produzimos, nós estamos exercitando essa importante qualidade.

Nesta 5ª edição, o *Caderno de atividades* foi elaborado para ajudar você a revisar o que aprendeu de gramática desde o 3º ano e praticar o conteúdo do 6º ao 9º ano.

Preparamos resumos e atividades para que você possa estudar de forma objetiva e eficiente. E procuramos elaborar atividades com textos interessantes e divertidos para que seus momentos de estudo possam ser ainda mais ricos. Aproveite este *Caderno de atividades* para fixar o que já aprendeu e para aprender conceitos novos!

# SUMÁRIO

# ORTOGRAFIA

# ORTOGRAFIA

• REVISÃO

**1.** Leia esta fábula de Esopo.

### A raposa e as uvas

Morta de fome, uma raposa foi até um vinhedo sabendo que ia encontrar muita uva. A safra tinha sido excelente. Ao ver a parreira carregada de cachos enormes, a raposa lambeu os beiços. Só que sua alegria durou pouco: por mais que tentasse, não conseguia alcançar as uvas. Por fim, cansada de tantos esforços inúteis, resolveu ir embora, dizendo:

— Por mim, quem quiser essas uvas pode levar. Estão verdes, estão azedas, não me servem. Se alguém me desse essas uvas eu não comeria.

*Moral: Desprezar o que não se consegue conquistar é fácil.*

Disponível em: <https://www.pensador.com/frase/MjkyMjQ2/>. Acesso em: 22 nov. 2018.

**a)** Encontre na fábula três palavras escritas com **S**, mas que têm som **Z**. Escreva-as.

_____

**b)** Assinale a única alternativa que possui **apenas** palavras com som **S**.

( ) cansada, dizendo, servem, verdes, estão

( ) beiços, desprezar, azedas, uvas, mais

( ) safra, excelente, alcançar, fácil, essas

● Sublinhe as palavras intrusas nas alternativas que você **não** assinalou.

**2.** Observe as palavras destacadas nesta frase.

A raposa **lambeu** os beiços, mas foi **embora** sem alcançar as uvas.

**a)** Agora, leia a regra gramatical abaixo e marque **F** para falso e **V** para verdadeiro.

( ) Antes de **B** e **P** devemos usar sempre a letra **M**.

**b)** Justifique sua resposta escrevendo outras palavras como exemplo.

_____

**c)** Que letra devemos usar antes das outras consoantes? _____

● Encontre exemplos na fábula e escreva-os.

_____

**3.** Releia este trecho.

Ao ver a parreira carregada de cachos enormes, a raposa lambeu os beiços.

**a)** Copie todas as palavras que têm a letra **R**.

_____

**b)** Organize na tabela as palavras que você copiou.

| Letra R com som fraco | Letra R com som forte |
|---|---|
|  |  |
|  |  |
|  |  |

**c)** Agora, associe as colunas de acordo com os conceitos.

| ver – enormes |

| No meio da palavra, o **R** é forte. |

| parreira – carregada |

| Em final de sílaba, o **R** é fraco. |

**d)** Por que raposa não começa com **RR**?

_____

_____

**4.** Releia este trecho e copie os verbos que ele apresenta.

　Se alguém me desse essas uvas eu não comeria.

_____

• Agora escreva o que se pede.

**a)** O infinitivo da forma verbal **desse**. _____

**b)** O tempo e o modo da forma verbal **desse**.

_____

**5.** Complete os espaços empregando os verbos entre parênteses no pretérito imperfeito do subjuntivo.

**a)** Nem que _____ 100 anos, entenderíamos seu gesto. (*viver*)

**b)** Por mais que _____ não alcançou as uvas. (*tentar*)

**c)** Se _____ a comida, sobreviveriam. (*dividir*)

**6.** Agora, aprenda esta regra gramatical completando-a com uma das alternativas apresentadas.

Todas as formas do _____
escrevem-se com **-sse**. Exemplos: le**sse**, cantá**sse**mos, parti**sse**m.

**a)** pretérito perfeito do indicativo

**b)** pretérito imperfeito do subjuntivo

**7.** Acrescente a letra **H** nestas palavras e forme palavras novas.

**a)** bola: _____

**b)** latina: _____

**c)** fila: _____

**d)** sena: _____

**e)** tela: _____

**f)** escola: _____

**g)** pino: _____

**h)** galo: _____

**i)** sono: _____

**j)** vela: _____

- Assinale o nome desses grupos de letras.

( ) encontro consonantal

( ) dígrafo

**8.** Complete as palavras com **ai, e, ei, o** ou **ou**.

**a)** b_____jo

**b)** band_____ja

**c)** vass_____ra

**d)** f_____rante

**e)** r_____pa

**f)** c_____xa

**g)** mant_____ga

**h)** tes_____ra

**i)** b_____xinho

**j)** chal_____ra

**k)** band_____ra

**l)** p_____xão

**m)** leit_____r

**n)** bal_____a

**o)** r_____bar

**p)** mad_____ra

**q)** emiss_____ra

**r)** tr_____nador

**s)** cen_____ra

**t)** crat_____ra

**u)** f_____xa

**v)** lantej_____la

**w)** amp_____la

**x)** carangu_____jo

**9.** Leia o texto a seguir com lacunas.

**a)** Depois, siga as pistas a seguir para descobrir as palavras que o autor usou para escrevê-lo.

**b)** As palavras que você vai usar estão no quadro logo depois das pistas.

## Raízes

Quando ❶ _____, como eu gostava do

❷ _____ úmido das raízes dos vegetais! Porém, ao

lado desse mundo natural, queriam fazer-me acreditar no mundo seco

das raízes quadradas, que para mim tinham algo de ❸ _____

_____ signos de ❹ _____ mar-

ciana. Mas a tortura ❺ _____ eram as raízes

❻ _____. Felizmente agora os robôs tomaram

conta disso e de outras coisas parecidas com eles... Felizmente não

mais existe o meu velho professor de matemática. Senão ele ❼ _____

_____ aos poucos de raiva e frustração por se ver sobre-

pujado, por me ver continuando a fazer coisas aparentemente in-

sólitas porque não constam de currículos e compêndios, ❽ _____

_____ agora, meu caro professor, agora o marciano sou eu.

Mario Quintana. *Poesia completa*. Rio de Janeiro: Nova Aguilar, 2006.
(Texto adaptado para fins didáticos).

❶ Palavra derivada de *colégio*.
❷ Palavra com ditongo.
❸ Antes de **P** e **B** usa-se **M**.
❹ Palavra com **GU** em que o **U** é pronunciado.
❺ Nesta palavra o **X** tem som **S**.
❻ Palavra proparoxítona.
❼ Forma verbal com **R** forte no meio.
❽ Palavra com **QU** em que o **U** não é pronunciado.

| linguagem | colegial | incompreensíveis | porque |
|-----------|----------|------------------|--------|
| cheiro | morreria | cúbicas | máxima |

**c)** Agora leia o texto na íntegra.

- Converse com os colegas: o autor gostava de estudar matemática?

_____

_____

_____

**10.** Encontre as palavras escritas incorretamente no texto seguinte, sublinhe-as e reescreva-as corretamente.

## O dicionário de formas

Era uma vez eu, Zé Sorveteiro, que me apachonei por uma princeza que acabara de chegar do outro lado da Tera. Bolei para ela um dicionário de quatro palavras: bola, cuadrado, retângulo, triângulo. Japonês se escreve com dezenhos. Com desenhos a princesa aprenderia português!

Não demoro, ela estava arrasando. Ia até meu carrinho e pidia, desenhando no ar:

— Triângulo-bola.

Sorvete na casquinha! O dissionário funcionava às maravilias.

Eu? Mandava biletes. Desenhava um quadrado com um triângulo em cima e escrevia: casa!!! Caprixava nos pontos de exclamaçao. Casa!!! Casa!!! Fácil de entender: casa comigo.

Mas toda princesa tem uma fera para encontra bilhetes. Uma hora a fera mandou me chamar. Aí...

Aí eu transformei ponto de exclamação em sinal de aguacero:

— Um traço com um pingo é chuva. Três — !!! — muita chuva. Casa, chuva, chuva, chuva. Estou só avisando... Cuidado com goteras.

Acabei subindo e linpando as calias do teliado do futuro sogro e as de cada um de seus amigos e parentes.

Oje, 60 anos depois, repito, valeu a pena. E lá vou eu apanha uns triângulos vermelhos para a minha rainha arrumar no triângulo do retângulo do quadrado da frente. Perfeito. Daqui a pouco a jarra da meza da sala estará toda perfumada com os... Como é mesmo? Vá lá! Com os triângulos vermelhos.

Angela-Lago. Disponível em: <https://novaescola.org.br/conteudo/3179/o-dicionario-de-formas>. Acesso em: 26 nov. 2018. (Texto adaptado para fins didáticos).

_____

_____

_____

**11.** Se tirássemos a letra **H** das palavras seguintes, a pronúncia delas mudaria?

| harmonia | helicóptero | hipótese | horta | humor |
|----------|-------------|----------|-------|-------|
| ah! | oh! | ih! | bah! | uh! |

_____

_____

**12.** Agora leia estas palavras.

| | | | | |
|---|---|---|---|---|
| chapéu | lanche | pechincha | choro | chuva |
| vermelha | detalhe | velhice | alho | olhudo |
| lenha | engenheiro | banhista | banho | nenhum |

- Se tirássemos a letra **H** dessas palavras, a pronúncia delas mudaria?

**13.** Conclua seu aprendizado, assinalando as afirmativas corretas.

( ) **a)** O **H** é apenas uma letra do nosso alfabeto; não representa um fonema, isto é, não tem som.

( ) **b)** O **H** é empregado no início de algumas palavras, por causa da origem dessas palavras, e no final de algumas interjeições.

( ) **c)** O **H** é empregado no meio de palavras quando faz parte dos dígrafos **ch, lh, nh**.

**14.** Leia este poema e observe as palavras destacadas.

## Quem sempre foi, sempre será

No passado e no futuro,
preste muita atenção,
para os dois não misturar,
pois só vai dar confusão!

Os políticos prometem,
se ganharem a eleição.
Se mentiram no passado,
no futuro mentirão!

Os ladrões não têm jeito,
pois em tudo põem a mão.
Se roubaram no passado,
no futuro roubarão!

Os cantores e as cantoras
vão cantar suas canção.

Se cantaram no passado,
no futuro cantarão!

As velhinhas tão doentes
tomam mel com agrião.
Se tossiram no passado,
no futuro tossirão!

Quem disser que estou errado,
que não tenho razão,
saiba que eu estou muito certo,
nisso eu sou um campeão!

Pois quem hoje é um boboca
não vai ter conserto não.
Quem foi bobo no passado,
no futuro é paspalhão.

Pedro Bandeira. Disponível em: <https://baudashistoriasepoemas.blogspot.com/2010/07/poemas-de-pedro-bandeira.html>. Acesso em: 27 nov. 2018.

**a)** Copie as formas verbais escritas em verde e identifique em que **tempo** e **modo** elas estão.

**b)** Copie as formas verbais escritas em roxo e identifique em que **tempo** e **modo** elas estão.

**c)** Agora complete.

❶ As formas da 3ª pessoa do plural do **futuro** do presente do indicativo são escritas com _____. As formas da 3ª pessoa do plural do **pretérito** perfeito do indicativo são escritas com_____.

❷ As formas da 3ª pessoa do plural do **presente** do indicativo também são escritas com _____. Exemplos: mentem, cantam etc.

**15.** Complete as colunas da tabela com o que se pede.

| Palavra primitiva substantivo | Palavra derivada adjetivo masculino | Palavra derivada adjetivo feminino |
|---|---|---|
| França | | |
| Japão | | |
| Holanda | | |
| Noruega | | |

• Os adjetivos pátrios são derivados de _____ e são escritos com os sufixos _____ e _____.

**16.** Complete as colunas da tabela com o que se pede.

| Palavra primitiva substantivo | Palavra derivada adjetivo masculino | Palavra derivada adjetivo feminino |
|---|---|---|
| fama | | |
| carinho | | |
| poder | | |
| brilho | | |

• Os adjetivos que expressam a ideia de "cheio de" são derivados de _____ _____ e são escritos com os sufixos _____ e _____.

**17.** Complete as colunas da tabela com o que se pede.

| Palavra primitiva adjetivo | Palavra derivada substantivo abstrato |
|---|---|
| franco | |
| belo | |

| | |
|---|---|
| pobre | |
| certo | |
| delicado | |

- Os substantivos abstratos são derivados de _____ e são escritos com o sufixo _____ .

**18.** Leia as manchetes e complete as palavras em que faltam algumas letras.

> **Escolinhas de futebol au_____iliam no desenvolvimento físico e psicoló_____ico das crian_____as**

> **Pro_____etos sociais ofere_____em prática do futsal e futebol a crianças e _____ervidores**

> **Festival de futebol a_____itará o Dia da Criança no Martins Pereira**

> **No Chile, crianças refu_____iadas viram jogadores de futebol profi_____ionais por um dia**

**19.** Forme outras palavras acrescentando **Ã**, **ÃO**, **M** ou **N**.

a) mata _____

b) manha _____

c) boba _____

d) borra _____

e) bobo _____

f) vila _____

g) bode _____

h) cota _____

i) grade _____

j) Beto _____

k) hora _____

l) traça _____

m) bobear _____

n) Ana _____

o) pá _____

p) viola _____

q) trova _____

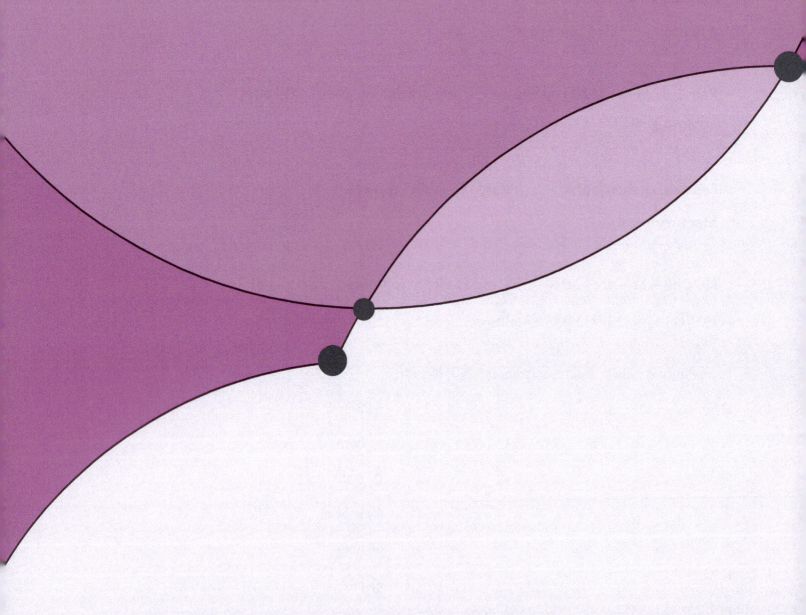

# ACENTUAÇÃO, PONTUAÇÃO E OUTRAS NOTAÇÕES

# ACENTUAÇÃO, PONTUAÇÃO E OUTRAS NOTAÇÕES

## 1. OXÍTONAS, PAROXÍTONAS, PROPAROXÍTONAS, DITONGOS E HIATOS: ACENTUAÇÃO

- Recebem acento gráfico as **oxítonas** terminadas em **a(s)**, **e(s)**, **o(s)** e **em(ns)**: *cajá, marajás, bufê, cafés, pivôs, cipó, porém, reféns*. Nas palavras oxítonas, são graficamente acentuados os **ditongos abertos -éi**, **-éu** e **-ói**, seguidos ou não de **s**: *pincéis, céu, anzóis*.

- Levam acento gráfico todas as **proparoxítonas** e também as palavras de mais de duas sílabas terminadas em ditongo crescente que admite ser pronunciado como hiato: *câ-ma-ra, ím-pe-to, pês-se-go, ar-má-ri-o, á-re-a, es-pé-ci-e*.

- São acentuadas as palavras **paroxítonas** terminadas em:

    - **-r**, **-ps**, **-n**, **-l** e **-x**: *fêmur, fórceps, hífen, túnel, códex*.

    - **-i**, **-is**, **-us**: *beribéri(s), tênis, ônus*.

    - **-ã(s)**, **-ão(s)**: *imã(s), bênção(s)*.

    - **-ei(s)**: *vôlei(s), pônei(s)*.

    - **-um(ns)**: *fórum(ns), álbum(ns)*.

- **Monossílabos tônicos** são os pronunciados com mais intensidade: *bom, dó, é, fé, meu, som, trem*. São acentuados os monossílabos tônicos terminados em **a(s)**, **e(s)**, **o(s)**.

- **Monossílabos átonos** são os pronunciados com menos intensidade: *a, de, em, lhe, me, o, que, se, o*. Eles não são acentuados.

- As vogais **i** e **u**, quando são tônicas e formam **hiato** com a vogal que as antecede:

    - são acentuadas quando ficam sozinhas na sílaba ou acompanhadas de **s**: *país, países, miúdo, altruísta, balaústre;*

    - não são acentuadas quando, na mesma sílaba, são seguidas de uma consoante diferente de **s**: *cairmos, oriundo, Raul, raiz, ruim*.

**Observação:**

- Quando a sílaba tônica de uma palavra é a última, essa palavra é chamada **oxítona**; se for a penúltima, **paroxítona**; se for a antepenúltima, **proparoxítona**.

- **Ditongo** é o encontro de uma vogal e de uma semivogal, ou vice-versa, na mesma sílaba: *cai-xa, cou-ve, pei-xe, qua-dro* (Os fonemas /i/ e /u/, quando estão juntos a uma vogal, formando sílaba com ela, são semivogais: *pai, sarau, doido*).

- **Hiato** é o encontro de duas vogais na mesma palavra. Como não pode haver mais de uma vogal numa mesma sílaba, cada uma delas forma uma sílaba diferente: *mo-e-da, pi-a-da, e-go-ís-ta*.

**1.** Os fragmentos abaixo compõem o livro *O mistério da fábrica de livros*, de Pedro Bandeira. Leia-os com atenção, observe as palavras acentuadas graficamente e responda às questões seguintes.

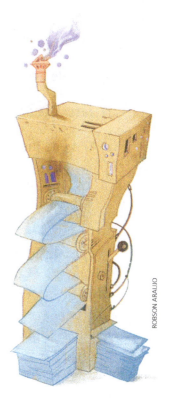

**Fragmento I**

[...] Eu sou grande graças a você. Se eu pertencesse a "certas" pessoas que eu conheço, talvez eu fosse miudinho como uma formiga. E talvez até fosse feio como uma máscara de carnaval... [...]

**Fragmento II**

[...] Empilhadas ao lado da máquina que Wilson chamava de dobradeira, as folhas do livro de Laurinha entravam na máquina e uma barra metálica chamada "faca" descia bem no meio delas, forçando o papel entre dois rolos. Estava pronta a primeira dobra. [...]

**Fragmento III**

[...] Desta vez a menina falou gritando. E alguém, falando com um anjo, naturalmente tinha de chamar a atenção de todos os passageiros que se apertavam naquele ônibus. [...]

Pedro Bandeira. *O mistério da fábrica de livros*. São Paulo: Hamburg, 1988. p. 15; 72; 76.

**a)** Copie as palavras acentuadas graficamente nesses fragmentos.

_____

**b)** Quanto à posição da sílaba tônica, como são classificadas essas palavras?

_____

_____

**c)** Você já aprendeu por que essas palavras recebem acento gráfico. Separe-as em dois grupos e apresente as justificativas correspondentes.

_____

_____

_____

_____

**2.** Responda às questões usando palavras oxítonas ou proparoxítonas. Todas devem ser acentuadas graficamente.

**a)** Capital do estado do Pará: _____.

**b)** Estado cuja capital é Curitiba: _____.

**c)** Profissional que cuida da saúde: _____.

**d)** Pronome indefinido: _____.

**e)** Aquele que tem netos: _____.

**f)** Móvel de dois ou três lugares para sentar: _____.

**g)** O rei do futebol: _____.

**h)** Plural de armazém: _____.

**i)** Fruto do pessegueiro: _____.

**j)** O contrário de primeiro: _____.

**3.** Procure palavras oxítonas e proparoxítonas no diagrama e complete o quadro abaixo com elas. Depois, assinale V (verdadeiro) ou F (falso) para as afirmativas seguintes.

| | | | | | | | | | |
|---|---|---|---|---|---|---|---|---|---|
| S | I | N | Ô | N | I | M | O | P | R |
| O | T | G | C | Ô | M | E | G | A | Z |
| B | R | Ç | V | I | N | T | É | M | X |
| T | E | C | E | R | C | A | Q | U | I |
| P | A | L | E | T | Ó | C | A | F | É |
| Q | I | U | J | V | E | N | D | E | R |
| Z | E | B | U | Ú | L | T | I | M | O |

ROBSON ARAUJO

| Oxítonas | Proparoxítonas |
|---|---|
| | |
| | |
| | |

( ) **a)** Todas as proparoxítonas são acentuadas.

( ) **b)** Todas as oxítonas são acentuadas.

**4.** Dos vocábulos em destaque em cada frase a seguir, sublinhe somente aquele que deve receber acento. Depois, escreva a palavra já acentuada.

**a)** A **fabrica** do final da rua **fabrica** lindas porcelanas. _____

**b)** Preste atenção à **pronuncia** para saber como se **pronuncia**. _____

**c)** Enquanto você **copia** os exercícios, eu entrego a outra **copia**. _____

**d)** Não me i**ncomodo** com cães, mas gatos me causam **incomodo**. _____

**5.** Escreva a regra de acentuação das paroxítonas que justifica o acento empregado em cada um dos casos a seguir.

| grátis | provável | hífen | ônix | húmus | açúcar |

_____

_____

_____

_____

**6.** Pesquise em jornais, livros, revistas ou na internet duas palavras paroxítonas acentuadas que correspondam a cada um dos casos de paroxítona indicados na atividade anterior.

_____

_____

_____

_____

## 2. ACENTOS DIFERENCIAIS

- **dê** (verbo _dar_)

  _Por favor, **dê** mais suco para as visitas._

  **de** (preposição)

  _O novo carro precisa **de** mais testes._

- **porquê** (substantivo: causa, razão, motivo)

  _Não entendo o **porquê** de sua decisão._

  **porque** (conjunção)

  _Não corra, **porque** o chão está liso e você pode cair._

- **por que** (preposição _por_ + pronome interrogativo _que_, equivalente a _por qual razão_, _por qual motivo_)

  _Luiz não sabe **por que** há tantos conflitos naquele país._

- **por que** (preposição _por_ + pronome relativo _que_, equivalente a _pelo qual, pelos quais, pela qual, pelas quais_).

  _Essa é uma oportunidade **por que** aguardamos muito tempo._

- **por quê** (_que_ é acentuado sempre que ocorrer no final de oração interrogativa)

  _A discussão foi iniciada, mas ninguém sabe **por quê**._

  _A ponte caiu e ninguém sabe explicar **por quê**?_

- **pode** (3ª pessoa do singular do presente do indicativo)

  *Ana Clara **pode** levar Isabela à festa.*

  **pôde** (3ª pessoa do singular do pretérito perfeito do indicativo)

  *Nora não **pôde** participar do curso, porque já tinha muitas tarefas.*

- **tem** e **vem** (3ª pessoa do singular do presente do indicativo)

  *Meu avô **tem** a intenção de ir ao casamento, mas não sabe se **vem** para a festa.*

  **têm** e **vêm** (3ª pessoa do plural do presente do indicativo)

  *Meus avós **têm** a intenção de ir ao casamento, mas não sabe se **vêm** para a festa.*

- **mantém** e **detém** (3ª pessoa do singular do presente do indicativo, oxítonas)

  *Pedro **mantém** a casa em ordem e Luiza **detém** o controle das contas.*

  **mantêm** e **detêm** (3ª pessoa do plural do presente do indicativo, acento diferencial)

  *Os irmãos **mantêm** o equilíbrio no trapézio e assim **detêm** a atenção do público.*

7. Complete os espaços com **porque**, **porquê**, **por que** ou **por quê**.

   a) Decidimos voltar para casa _____ já era bem tarde.

   b) Não entendi _____ eles foram embora.

   c) Ela ficou brava, mas não sei _____ .

   d) Não sei o _____ de tantos

      _____ .

   e) Gostaria de saber _____ você chegou atrasado.

   f) _____ é complicado entender os_____?

   g) Você está chorando de novo? _____?

   h) Aceito sua decisão, _____ me parece a mais acertada.

   i) Fomos dispensados mais cedo, _____ o professor faltou.

   j) _____ você implica tanto com o seu irmão?

   k) Ele chegou irritado. Já imagino o _____ .

8. Transforme cada afirmativa em duas interrogativas, usando **por que** e **por quê**.
   a) João fala tão rápido.

   _____

   _____

ROBSON ARAUJO

**b)** É importante saber se comunicar.

_____

_____

**c)** Meus irmãos estão brincando na rua.

_____

_____

**d)** Ter amigos é muito importante.

_____

_____

**9.** Complete as lacunas com as palavras do quadro.

| | | | | | | |
|---|---|---|---|---|---|---|
| por | pôr | porque | porquê | por que | por quê | de |
| dê | tem | têm | vem | vêm | pode | pôde |

**a)** Não _____ fazer caminhada _____ teve dores no joelho.

**b)** O bolo e os salgadinhos foram feitos _____ mim.

**c)** Marina adora doce _____ abóbora. _____ um para ela.

**d)** Luís _____ medo de lagartixa. Seus irmãos _____ pavor de rato.

**e)** Vou _____ os livros na mesa um _____ vez.

**f)** Ele _____ amor pelos pais, mas os pais não _____ amor por ele.

**g)** _____ Ivan demora tanto? Será que ele não _____ mais?

**h)** Pedro _____ hoje; João e José _____ amanhã.

**i)** Elas não _____ para o casamento. Eu queria entender _____ .

**j)** Não sei o _____ dessa demora.

**k)** Ontem ele não _____ estudar, mas hoje ele _____ .

**l)** Ele não disse _____ faltou à reunião.

**10.** Sublinhe as formas verbais que devem ser acentuadas e escreva-as ao lado de cada frase.

a) Ele devia chegar ontem, mas não pode vir. _____

b) Preciso por água nas plantas. _____

c) Quero que você me de uma boa explicação. _____

d) Ela mantem a piscina sempre limpa. _____

e) Os dois amigos mantem a promessa que fizeram um ao outro. _____

f) Os celulares vem se modernizando muito rapidamente. _____

g) Imóveis em regiões centrais tem melhor infraestrutura. _____

**11.** Retome as frases do exercício 10 e associe-as às alternativas abaixo.

(     ) **a)** Verbo *ter* na 3ª pessoa do plural; presente do indicativo.

(     ) **b)** Verbo *manter* na 3ª pessoa do singular; presente do indicativo.

(     ) **c)** Verbo *pôr* no infinitivo.

(     ) **d)** Verbo *manter* na 3ª pessoa do plural; presente do indicativo.

(     ) **e)** Verbo *dar* na 3ª pessoa do singular; presente do subjuntivo.

(     ) **f)** Verbo *poder* na 3ª pessoa do singular; pretérito perfeito do indicativo.

(     ) **g)** Verbo *vir* na 3ª pessoa do plural; presente do indicativo.

**12.** Complete os espaços com uma das formas entre parênteses.

a) Os adultos _____ grandes preocupações com os adolescentes. (tem/têm)

b) Aquela caixa _____ bombons deliciosos. (contém/contêm)

c) Os livros escolares _____ bons exercícios. (contém/contêm)

d) Mariana _____ muitos amigos. (tem/têm)

e) Devemos _____ o lixo para fora. (por/pôr)

f) Já decidi que vou _____ este caminho. (por/pôr)

g) Vou embora _____ está tarde. (porque/porquê)

h) Quero entender o _____ de tudo isso. (porque/porquê)

i) Ele _____ seu material escolar organizado. (mantém/mantêm)

j) Aqueles homens _____ a mente ocupada. (mantém/mantêm)

k) Gostaria de saber _____ você faltou à aula ontem. (por que/porque)

l) Vamos _____ um ponto-final nesta situação! (por/pôr)

13. Complete as frases com os verbos entre parênteses, conjugando-os no presente do indicativo. Atenção ao acento gráfico.

a) Ela _____ no mesmo semáforo todos os dias às 13 horas. (parar)

b) Ele _____ os defeitos dos outros, mas não enxerga os próprios. (ver)

c) Joaquim _____ de um bairro muito distante. (vir)

d) Diogo e Mário _____ do sítio para a escola. (vir)

e) Este livro _____ belas ilustrações. (conter)

f) Meus cadernos _____ poucas páginas. (conter)

## 3. ACENTUAÇÃO: HIATOS, DITONGOS ABERTOS, FORMAS VERBAIS

14. As palavras do quadro apresentam ditongo, hiato e tritongo. Observe-as com atenção e responda às questões seguintes.

| | | | | | |
|---|---|---|---|---|---|
| saúva | saguão | juiz | geleia | ruim | balaústre |
| herói | baú | rainha | céu | Paraguai | faísca |
| androide | chapéu | triunfo | anéis | sanduíche | troféu |
| campainha | gaúcho | Uruguai | país | biscoito | heroico |
| pastéis | Raul | jiboia | atrair | iguais | aí |
| europeu | joio | sereia | arroio | breu | venceu |

a) Quais palavras têm ditongo aberto?

_____

_____

b) E quais apresentam ditongo fechado?

_____

_____

c) Quais palavras têm tritongo?

_____

d) Quais têm hiato?

_____

_____

**e)** Quais são as palavras oxítonas?

_____

_____

_____

**f)** E as paroxítonas?

_____

_____

_____

**g)** Quais são os monossílabos tônicos?

_____

_____

**h)** Nas palavras com ditongo aberto, o que se pode observar em relação ao acento gráfico?

_____

_____

_____

**i)** E o que se observa quanto às palavras com ditongo fechado?

_____

_____

**j)** Em relação às palavras que apresentam hiato, coloque V (verdadeiro) ou F (falso) nas afirmações. Justifique as falsas.

( )   I. O i e o u são átonos em algumas e tônicos em outras.

( )  II. Antes do i e do u há mais de uma vogal em todas elas.

( ) III. O i e o u tônicos dessas palavras estão sozinhos na sílaba ou seguidos de -l, -m, -n, -nh, -r, -s, -z.

( )  IV. Acentuam-se o i e o u tônicos dos hiatos tanto nas palavras oxítonas como nas paroxítonas, desde que estejam sozinhos na sílaba ou seguidos de -s.

( )   V. Não se acentuam o i e o u tônicos dos hiatos quando a sílaba seguinte for iniciada por -nh.

Justificativas: _____

_____

_____

**15.** Analise os pares de palavras dos quadros abaixo e assinale V (verdadeiro) ou F (falso) nas afirmativas seguintes.

| raiz | raízes | juiz | juízes |
| --- | --- | --- | --- |

(   )   I. Em *raiz* e *juiz* a sílaba tônica é **iz**.
(   )  II. Em *raízes* e *juízes*, a sílaba tônica é **i**.
(   ) III. A sílaba tônica de todas as palavras faz hiato com a vogal anterior.
(   )  IV. Falta acento gráfico nas palavras *raiz* e *juiz*.

| campainha | moinho |
| --- | --- |

(   )   I. O **i** é tônico e forma hiato com a vogal anterior.
(   )  II. O **i** deve receber acento gráfico.
(   ) III. O **i** não é acentuado porque a sílaba seguinte começa com **-nh**.

| saída | faísca |
| --- | --- |

(   )   I. Só a primeira palavra deve receber acento gráfico.
(   )  II. O **i** recebe acento gráfico por ser tônico e fazer hiato com a vogal anterior, mesmo estando acompanhado de **-s**.

| saúde | balaústre |
| --- | --- |

(   )   I. As duas palavras devem ser acentuadas.
(   )  II. Na primeira palavra, o **u** recebe acento por ser tônico e fazer hiato com a vogal anterior; na segunda, por ser seguido de **-s**, o **u** não deve ser acentuado.

| bocaiuva | feiura |
| --- | --- |

(   )   I. Em ambas as palavras o **u** é átono.
(   )  II. As duas palavras são proparoxítonas.
(   ) III. As duas deveriam ser acentuadas.
(   )  IV. O **u** tônico precedido de ditongo decrescente não tem acento.

**16.** Com base no modelo, troque as formas destacadas nas frases por um pronome pessoal do caso oblíquo.

| Vou encontrar **Maria** ainda hoje. |
| --- |
| Vou **encontrá-la** ainda hoje. |

**a)** Vamos convidar **os alunos** para a festa de encerramento.

_____

**b)** Ainda hoje, vou escrever **meu recado** a todos.

_____

c) Preciso resumir **o livro** até amanhã.

_____

d) Devemos conduzir **as pessoas** a reflexões diárias.

_____

e) Decidimos vender **os carros** e investir em imóveis.

_____

f) Cubra o bolo para não atrair **as moscas**.

_____

g) Nada vou dizer. Não quero magoar **a Júlia**.

_____

h) Minha mãe vai pôr **os vasos** sobre a mesa.

_____

i) Vou distribuir **os presentes** amanhã.

_____

## 4. ACENTUAÇÃO: REVISÃO

**17.** Foram retirados — propositalmente — os acentos gráficos de algumas palavras do texto abaixo. Identifique-as e acentue-as.

### Condomínios para a terceira idade

Os brasileiros tem hoje uma expectativa de vida muito maior que a da geração de seus pais e avos, vivem em geral com mais qualidade e mais saude — e tem menos filhos. Combinadas, essas mudanças aos poucos começam a trazer uma nova transformação: a dos arranjos domesticos que esses cidadãos fazem ao encerrar sua fase de atividade profissional. É provável que, como nos paises europeus ou nos Estados Unidos, os idosos não mais queiram ou não possam morar com os filhos e ser cuidados por eles, e desejem preservar tanto quanto possível a independência e privacidade que usufruiram durante toda a vida.

Veja, 5 mar. 2014, p. 82. (Fragmento adaptado para fins didáticos).

_____

_____

_____

**18.** A seguir estão as justificativas de acentuação gráfica das palavras do exercício 17. Escreva-as na frente da regra correspondente.

a) Todas as proparoxítonas são acentuadas graficamente: _____

b) Recebem acento gráfico as oxítonas terminadas em **-a, -e, -o**, seguidas ou não de

   **-s**, e as terminadas em **-em, -ens**: _____

c) Acentuam-se graficamente os verbos *ter* e *vir* na 3ª pessoa do plural no presente

   do indicativo: _____

d) O **i** e o **u** tônicos antecedidos por vogal, sozinhos na sílaba ou seguidos de **-s**, devem

   ser acentuados: _____

**19.** Use apenas palavras acentuadas para completar os itens seguintes.

a) Pronome de tratamento (duas sílabas, oxítona): _____

b) Recipiente usado para tomar café (três sílabas, proparoxítona): _____

c) Nome de mulher (três sílabas, proparoxítona): _____

d) A mãe da sua mãe (duas sílabas, oxítona): _____

e) Pessoa que nasce na Polônia (três sílabas, oxítona): _____

f) Aquilo que não é líquido (três sílabas, proparoxítona): _____

g) Instrumento utilizado em navegações para indicar direções horizontais (três sí-

   labas, proparoxítona): _____

h) Pronome indefinido (duas sílabas, oxítona): _____

**20.** Indique a opção **correta** quanto à acentuação gráfica.
( ) **a)** Ontem, finalmente, ele pôde descansar.
( ) **b)** Por que eles sairam mais cedo?
( ) **c)** Ele têm muitos livros em sua estante.
( ) **d)** Este livro contêm exercícios bem interessantes.
( ) **e)** Os meninos vem a pé para a escola todos os dias.

**21.** Assinale a opção em que todas as palavras estão acentuadas de acordo com as normas ortográficas.
( ) **a)** abastecê-lo – saude – proximo
( ) **b)** ataca-lo – surpreendê-lo – faísca
( ) **c)** dividí-lo – construíram – pântano
( ) **d)** afastá-lo – alaúde – mausoléu
( ) **e)** dividí-lo – troféu – jibóia

**22.** Em qual das alternativas falhou a correlação entre a norma ortográfica e a exemplificação?

( ) **a)** Acentuam-se todas as proparoxítonas: lívido, lâmpada.

( ) **b)** As oxítonas terminadas em **-a** são acentuadas: vatapá, sofá.

( ) **c)** Não se acentua o ditongo aberto **ei** nas paroxítonas: atéia, européia.

( ) **d)** Acentua-se o ditongo aberto **oi** nas oxítonas: herói, corrói.

( ) **e)** As oxítonas terminadas em **-em** recebem acento: refém, armazém.

**23.** Identifique a alternativa cujas palavras substituem corretamente as estrelas (★) das frases.

Já consigo imaginar ★ Marcos está demorando tanto: ou ★ o carro quebrou, ou ★ ele se esqueceu do nosso compromisso. Ou será que há outro ★?

( ) **a)** por que – porque – porque – porquê

( ) **b)** por que – por que – por que – por que

( ) **c)** porque – porque – por quê – porque

( ) **d)** porque – por que – porquê – por que

( ) **e)** porque – porque – porque – porque

**24.** Assinale a alternativa **correta** quanto à acentuação gráfica.

( ) **a)** Os moradores de Jupiá vêm vindo. Todos os veem.

( ) **b)** Os moradores de Jupiá vêm vindo. Todos o vêm.

( ) **c)** Os moradores de Jupiá vêem vindo. Todos os vêm.

( ) **d)** Os moradores de Jupiá vêem vindo. Todos os vêem.

( ) **e)** Os moradores de Jupiá vem vindo. Todos o vem.

**25.** Assinale a opção em que os dois hiatos devem ser acentuados.

( ) **a)** refluir – constituindo

( ) **b)** construindo – destruido

( ) **c)** caida – saiste

( ) **d)** instruido – instituir

( ) **e)** construira – destruindo

## 5. PONTUAÇÃO

| Sinais de pontuação em geral | • Indicar a entonação das frases, ou seja, se são afirmações, perguntas, exclamações... <br> • Indicar as pausas e as "fronteiras" entre as ideias, ajudando o leitor a compreender o sentido do texto. |
|---|---|
| Ponto-final, ponto de interrogação e ponto de exclamação | • Encerrar as frases, indicando se são *declarações (ponto-final)*, *perguntas (ponto de interrogação)* ou *exclamações (ponto de exclamação)*. |
| Dois-pontos | • Introduzir uma fala. <br> • Esclarecer ou desenvolver uma ideia anterior. |
| Travessão | • Iniciar as falas das personagens em um diálogo, separando-as das observações do narrador. <br> • Introduzir uma informação complementar. |

| | |
|---|---|
| **Aspas** | • Iniciar as falas das personagens em um diálogo, separando-as das observações do narrador.<br>• Destacar termos estrangeiros ou palavras às quais se pretende dar um sentido especial. |
| **Reticências** | • Usadas para indicar:<br>  - a existência de uma ideia não expressa;<br>  - a existência de outros itens não citados em uma enumeração;<br>  - uma pausa em uma frase que será continuada;<br>  - uma hesitação;<br>  - estados emocionais (deleite, saudade, aversão, medo etc.). |
| **Vírgula** | • Usada para separar:<br>  - itens de uma enumeração. Quando o último item é antecedido por **e**, geralmente não se usa vírgula antes dele.<br>  Exemplo: *Comprei batata, couve, repolho e rabanete.*<br>  - o vocativo (chamamento). Exemplo: *Fique tranquila, Ana!*<br>  - o aposto e outras explicações intercaladas em uma frase.<br>  Exemplos: *Emília, famosa personagem de Monteiro Lobato, era uma boneca falante; Pedro, assim como seu pai, tem pavor de fogos de artifício.* |

**26.** Leia o texto a seguir.

## Coração de tinta

O livro que Mo estava lendo naquela noite tinha uma capa de pano azul-claro. Também disso Meggie se lembraria mais tarde. Quantas coisas insignificantes ficam gravadas na memória!

— Mo, tem alguém lá fora!

Seu pai ergueu a cabeça e olhou para ela com uma expressão ausente, como sempre fazia quando ela o interrompia na leitura. Sempre demorava alguns instantes até que ele voltasse inteiramente do outro mundo, do labirinto das letras.

— Tem alguém aqui? Você tem certeza?

— Tenho. Ele está olhando para a nossa casa.

Mo pôs o livro de lado.

— O que você leu antes de dormir? *O médico e o monstro?*

Meggie franziu a testa.

— Mo, por favor! Venha comigo.

Ele não estava acreditando, mas foi atrás dela. Meggie o puxava com tanta impaciência que ele deu uma topada com o dedão do pé numa pilha de livros. E no que mais poderia ser? Havia livros espalhados por toda a casa. Eles não ficavam apenas nas estantes, como na casa das outras pessoas. Não, ali eles se empilhavam debaixo das mesas, em cima das cadeiras, nos cantos dos quartos. Havia livros na cozinha e no banheiro, em cima da televisão e dentro do guarda-roupa, pilhas pequenas, pilhas altas, livros grossos e finos, velhos e novos... livros. Eles acolhiam Meggie de páginas abertas na mesa do café da manhã, espantavam o tédio nos dias cinzentos — e de vez em quando alguém tropeçava neles.

— Ele está plantado de pé ali fora! — sussurrou Meggie enquanto puxava Mo para dentro do quarto.

— Ele tem uma cara peluda? Se tiver, pode ser um lobisomem.

— Pare! — Meggie olhou para o pai com uma expressão séria, embora as brincadeiras dele espantassem seu medo. Ela mesma quase já não acreditava mais na figura lá fora na chuva... até ajoelhar-se de novo diante da janela. — Ali! Está vendo? — ela cochichou.

Mo olhou para fora através das gotas de chuva que continuavam a escorrer no vidro, e não disse nada.

— Você não jurou que aqui nunca viria um ladrão, porque não há nada para roubar? — sussurrou Meggie.

— Não é um ladrão — Mo respondeu, mas estava com uma expressão tão séria quando se afastou da janela que o coração de Meggie começou a bater ainda mais depressa. — Vá para a cama, Meggie. A visita é para mim.

Cornelia Funke. *Coração de tinta.* Trad.: Sonali Sertuol. São Paulo: Companhia das Letras, 2006. (Fragmento).

**a)** O primeiro parágrafo termina com um ponto de exclamação. Que sentido esse sinal atribui à frase a que pertence?

_____

_____

**b)** Esse sentido é o mesmo que ele atribui à frase seguinte ("Mo, tem alguém lá fora!")?

_____

_____

**c)** Mo é o pai de Meggie. Por que, nos diálogos, quando ela se dirige a ele, há sempre uma vírgula depois de "Mo"?

_____

_____

**d)** Compare o emprego das reticências nas frases a seguir e explique o que elas indicam em cada caso.

"Havia livros na cozinha e no banheiro, em cima da televisão e dentro do guarda-roupa, pilhas pequenas, pilhas altas, livros grossos e finos, velhos e novos... livros."

"Ela mesma quase já não acreditava mais na figura lá fora na chuva... até ajoelhar-se de novo diante da janela."

_____

_____

_____

**e)** No primeiro caso indicado no item **d**, qual a função da vírgula?

_____

# MORFOSSINTAXE

# MORFOSSINTAXE

## 1. CONCORDÂNCIA NOMINAL

A **concordância nominal** se refere à relação entre as palavras chamadas genericamente de **nome** (substantivo, adjetivo, pronome, artigo e numeral). Nessa relação, o gênero e o número da palavra determinada (substantivo ou pronome) definem o gênero e o número das palavras determinantes (adjetivo, locução adjetiva, pronome adjetivo, artigo, numeral adjetivo e particípio).

### I. Concordância do adjetivo com o substantivo – Regra geral

Geralmente o adjetivo concorda em gênero e número com o substantivo a que se refere.

*A manhã estava ensolarada.*

*O dia fora ensolarado.*

*Todas as manhãs foram ensolaradas naquela temporada.*

*Todos os dias foram ensolarados naquele período.*

### Casos particulares

### *Adjetivo anteposto aos substantivos*

- Quando, na frase, o adjetivo vem **antes** dos substantivos, o adjetivo geralmente concorda em gênero e número com o mais próximo.

  *A joaninha agora pratica profunda meditação e desapego.*

- Se o adjetivo for predicativo de um sujeito ou objeto compostos, a concordância também poderá ser feita com os núcleos:

  *Seria profunda a meditação e o desapego da joaninha?*

  *Seriam profundos a meditação e o desapego da joaninha?*

### *Adjetivo posposto aos substantivos*

Quando, na frase, o adjetivo aparece **após** os substantivos, a concordância dependerá do número e do gênero dos substantivos.

### A. Substantivos do mesmo gênero e no singular: o adjetivo concorda com o gênero dos substantivos; quanto ao número, pode:

- flexionar-se no singular:

  *A joaninha agora pratica meditação e compaixão profunda.*

- ou flexionar-se no plural (concordância menos comum):

  *A joaninha agora pratica meditação e compaixão profundas.*

### B. Substantivos de gêneros diferentes e no singular:

- o adjetivo concorda em gênero e número com o **substantivo mais próximo**.

  *Eu me despedi do cargo e da cidade querida.*

- ou concorda com o **conjunto**, flexionando-se **no masculino e no plural** (concordância menos comum):

  *Eu me despedi do cargo e da cidade queridos.*

## C. Substantivos de mesmo gênero mas de números diferentes:

- o adjetivo concorda com o gênero dos substantivos e flexiona-se no plural:

  *Eu me despedi da escola e da cidade queridas.*

- ou concorda com o número do substantivo mais próximo (concordância menos comum):

  *Eu me despedi da escola e da cidade querida.*

## D. Substantivos de gêneros diferentes e no plural:

- o adjetivo flexiona-se no plural e concorda com o gênero do substantivo mais próximo:

  *Eu me despedi dos amigos e das amigas queridas.*

- ou flexiona-se no plural e fica no masculino (concordância menos comum):

  *Eu me despedi dos amigos e das amigas queridos.*

## E. Substantivos de gêneros e números diferentes

- o adjetivo flexiona-se no plural e no masculino:

  *Deixava para trás a cidade, os amigos, a família amados.*

- ou concorda com o gênero e o número do substantivo mais próximo (concordância menos comum):

  *Deixava para trás a cidade, os amigos, a família amada.*

**Observação**: as palavras *anexo, incluso, quite, obrigado, mesmo* e *próprio* concordam em gênero e número com o substantivo ou pronome a que se referem.

---

**1.** Complete as lacunas na notícia a seguir selecionando a opção entre parênteses adequada de acordo com as regras de concordância nominal.

---

— □ ×

**Adote Pet encontra lar para oito _____ (animal/animais) neste sábado (1º)**

*Com o objetivo de incentivar a adoção _____ (responsável/responsáveis), 33ª edição da feira disponibilizou 13 gatos e 17 cães em Ribeirão Preto*

O tempo chuvoso deste sábado (1º) não atrapalhou a 33ª _____ (edição/edições) da Adote Pet, realizada nesta manhã, no RibeirãoShopping, em Ribeirão Preto. Foram adotados sete cães e um gato de um total de 30 animais (13 gatos e 17 cães) _____ (disponível/disponíveis).

O projeto visa a adoção responsável e não tem um espaço físico, por isso trabalha com a colaboração de um conjunto de _____ (tutor/tutores) que cuidam dos Pets até encontrarem um lar.

A cuidadora de cães Carmen Silva Nicotari Albuquerque, de 56 anos, explicou que o trabalho desenvolvido pela ONG Associação Instituto Iluminar facilita a adoção _____ (dos/das) Pets resgatados nas ruas.

Ela ressaltou, ainda, a importância da adoção _____ (consciente/conscientes) e o amor que tem em resgatar os animais. "Quando você resgata o animal das ruas e vê ele melhorando, isso faz muito bem para a alma", contou, _____ (emocionado/emocionada).

[...]

A *Cidade On*. Disponível em: <https://www.acidadeon.com/ribeiraopreto/cotidiano/regiao/NOT,0,0,1390074,33+edicao+adote+pet+e+realizada+em+ribeirao+preto.aspx>. Acesso em: 1º dez. 2018.

**2.** Identifique a alternativa que apresenta concordância nominal **inadequada**.

(   ) **a)** Possuía linda filha e filho.

(   ) **b)** Possuía lindos filho e filha.

(   ) **c)** Possuía filho e filha lindas.

(   ) **d)** Possuía filho e filha linda.

**3.** Faça a concordância adequada utilizando a palavra entre parênteses. Se houver duas possibilidades, escreva-as.

**a)** Os bebês nasceram _____. (saudável)

**b)** As _____ gatas e cachorras encantam a todos. (lindo)

**c)** Os _____ Lúcio e João foram promovidos ontem. (competente)

**d)** Os arquivos vão _____. (anexo)

**e)** Enviei a fotografia _____ à mensagem. (anexo)

**f)** É _____ esperança. (necessário)

**g)** Às vezes, é _____ cuidado com o que se diz. (necessário)

**h)** Ela ficou _____ com o irmão. (quite)

**i)** Depois do que aconteceu hoje, estamos _____. (quite)

**j)** Eles _____ fizeram a entrevista. (mesmo)

**k)** Ela quis comprar a _____ fantasia que a irmã. (mesmo)

**l)** Pedro foi _____ a trabalhar desde cedo. (obrigado)

**m)** Serão _____ gravações neste trabalho. (incluso)

**n)** Ela _____ fez o _____ bolo. (próprio)

**4.** Faça a concordância adequada utilizando a palavra entre parênteses. Atenção: há duas possibilidades, então escreva-as.

**a)** Me chamaram a atenção sua dança e atuação _____. (maravilhoso)

**b)** Fomos _____ a pedir desculpas. (obrigado)

**c)** Marido e mulher _____ são mais felizes. (calmo)

**d)** _____ flores e castiçais decoravam o ambiente. (belo)

**e)** Luísa sempre recebia bombons e tortas _____. (delicioso)

**5.** Leia o poema a seguir.

---

### Limerick do computador nº 2

Havia um computador em Nova Esperança
Que em vez de memória, tinha vaga lembrança
Nunca vi um tão **esquecido**,
Tão **tonto**, **aéreo** e **perdido**.
Computador tri sonso esse, de Nova Esperança.

Sérgio Capparelli. *33 ciberpoemas e uma fábula virtual*. Porto Alegre: L&PM, 1996. p. 37.

---

**a)** A que substantivo se referem os adjetivos em destaque no terceiro e quarto versos?

_____

**b)** Reescreva esses versos supondo que eles se refiram à palavra **máquinas** e faça as adaptações necessárias.

_____

_____

**6.** Leia a tirinha a seguir.

GARFIELD                                    JIM DAVIS

**a)** Reescreva a fala de Jon no primeiro quadrinho, substituindo a palavra **dias** por **horas** e fazendo as adaptações necessárias.

_____

**b)** Reescreva a fala de Jon no segundo quadrinho substituindo a palavra **preciso** por uma das alternativas a seguir e fazendo as adaptações necessárias.

   I. necessário                     III. necessários

   II. necessária                    IV. necessárias

_____

_____

**c)** Reescreva a fala de Garfield no terceiro quadrinho substituindo a expressão "força de vontade" pela palavra **esforço**. Faça as adaptações necessárias.

_____

**7.** Forme frases com as palavras apresentadas em cada item. Não se esqueça de que a concordância nominal deve ser adequada.

**a)** anexos

_____

_____

**b)** inclusas

_____

_____

**c)** quite

_____

_____

**d)** obrigadas

_____

_____

**e)** mesmos

_____

_____

**f)** próprias

_____

_____

**8.** Assinale a alternativa em que as palavras preenchem corretamente as lacunas.

a) As luzes e o mar _____ da cidade me encantavam.

b) Há passagens e traslado _____ na viagem.

c) Deixaram em casa gata, cachorra e porquinha-da-índia _____.

(   )   I. brilhante, inclusas, alimentadas

(   )   II. brilhante, inclusa, alimentado

(   ) III. brilhantes, incluso, alimentados

(   ) IV. brilhantes, inclusos, alimentadas

**9.** Assinale a alternativa em que a frase apresenta um erro de concordância nominal.

(   ) **a)** Mar e montanha é bom para férias.

(   ) **b)** Mar e montanha são bons para férias.

(   ) **c)** Mar e montanha são boas para férias.

(   ) **d)** Montanha e mar é bom para férias.

**10.** Leia a tirinha a seguir.

HAGAR                             CHRIS BROWNE

a) Explique a forma como foi feita a concordância nominal dos substantivos com o adjetivo no primeiro quadrinho.

_____

_____

b) Qual é o significado desse adjetivo?

_____

_____

c) Essa concordância poderia ter sido feita de outra forma sem alteração de sentido?

_____

_____

### I. Definição

Verbos são palavras que indicam processos ou ações ou que estabelecem a ligação entre um elemento e sua característica. O processo verbal também pode ser expresso por uma locução verbal, isto é, uma expressão formada por dois ou mais verbos em que um deles concentra a ideia principal.

Os verbos também variam para indicar o tempo em que ocorre a ação ou o processo verbal (presente, passado e futuro). O **modo verbal** exprime a atitude de quem fala diante do fato comunicado: certeza, incerteza, ordem, súplica, hipótese, etc.

Verbos que exprimem fenômenos da natureza (*chover, ventar*), o verbo *haver* com sentido de "existir" e o verbo *fazer* quando se refere à passagem do tempo são chamados **impessoais**. Esse tipo de verbo fica sempre na **3ª pessoa do singular**, inclusive quando é o principal de uma locução verbal.

### II. Estrutura e regularidade

As partes que compõem a estrutura do verbo são o **radical**, a **desinência** (pessoa, número, modo e tempo ou formas nominais) e a **vogal temática** (-a-; -e-; -i-). O conjunto formado pelo radical e pela vogal temática chama-se **tema**.

Os verbos **regulares** seguem o modelo de sua conjugação, sem alterações. Os **irregulares** sofrem mudanças no radical ou na desinência em algumas pessoas e em alguns tempos verbais. Os verbos que fogem completamente ao padrão de sua conjugação são chamados de **anômalos**.

Os verbos regulares podem pertencer a uma das três conjugações:

1ª conjugação: verbos terminados em -ar. Exemplos: *cantar, dançar*.

2ª conjugação: verbos terminados em -er. Exemplos: *beber, viver*.

3ª conjugação: verbos terminados em -ir. Exemplos: *abrir, partir*.

### III. Tempos do indicativo

O presente não tem subdivisões, mas pode indicar:

a) um fato habitual.

b) um fato permanente ou com considerável duração.

c) verdades científicas, crenças.

d) um fato que ocorrerá no futuro próximo.

O pretérito e o futuro têm subdivisões.

a) **Pretérito perfeito:** indica um fato pontual, perfeitamente concluído no passado.

b) **Pretérito imperfeito:** indica um fato não concluído no passado ou uma ação habitual ou contínua, repetitiva.

c) **Pretérito mais-que-perfeito:** indica um fato anterior a outro também já passado.

**d) Futuro do presente:** indica um fato futuro em relação ao presente.

**e) Futuro do pretérito:** indica um fato futuro que ocorreria se uma condição tivesse sido realizada.

### IV. Tempos do subjuntivo

Há três tempos no modo subjuntivo.

**a) Presente:** situa o fato incerto em um intervalo de tempo simultâneo ou posterior ao presente. Usado com as conjunções *caso* e *que*.

**b) Pretérito imperfeito:** situa o fato incerto em um intervalo de tempo simultâneo ou posterior ao passado ou, ainda, em um tempo indefinido, hipotético.

**c) Futuro:** situa o fato incerto em um intervalo de tempo simultâneo ou posterior ao presente. Usado principalmente com as conjunções *quando* e *se* e com o pronome relativo *quem*.

**d)** O subjuntivo tem ainda três tempos compostos: **pretérito perfeito composto**, **pretérito mais-que-perfeito composto** e **futuro composto**.

### V. Modo imperativo

O modo imperativo exprime ordem, pedido, conselho, súplica. Existem duas formas para ele: **imperativo afirmativo** (provém do presente do subjuntivo, mas a 2ª pessoa do singular e a 2ª do plural são flexionadas como o presente do indicativo sem o -s) e **imperativo negativo** (origina-se do presente do subjuntivo antecedido de *não*, *nem*, *nunca*, *jamais*). O **imperativo** exprime uma **ordem**, enquanto o **subjuntivo** exprime um **desejo**.

### VI. Formas nominais

São formas verbais que podem exercer a função de nomes (adjetivo, substantivo, advérbio):

**a)** o **infinitivo** (*fiscalizar* — terminação -r), que pode ter duas formas:

    I. pessoal (quando a forma verbal é flexionada para indicar a pessoa à qual se refere)

    II. impessoal (quando a forma verbal não é flexionada).

**b)** o **particípio** (*prestado* — terminação -ado, -ido).

**c)** o **gerúndio** (*acreditando* — terminação -ndo).

Formas nominais não apresentam flexão de tempo nem de modo. Dependendo do contexto, o **infinitivo** pode exercer a função de **substantivo**; e o **particípio** (*querido, podido*) e o **gerúndio** (*querendo, podendo*), a função de adjetivo. Esse processo é chamado de **adjetivação**. O gerúndio pode ainda exercer a função de **advérbio**.

1. Assinale a alternativa correta sobre a forma verbal destacada no trecho abaixo.

> "Era assim que eu **falava**, todos os dias, no almoço e no jantar."

> <div align="right">Arthur Nestrovski. <i>O livro da música</i>.<br>São Paulo: Companhia das Letrinhas, 2000. p. 11-12. (Fragmento).</div>

(   ) **a)** O verbo está no pretérito imperfeito do indicativo e indica uma ação habitual no passado.

(   ) **b)** O verbo está no pretérito perfeito do indicativo e indica um fato perfeitamente acabado no passado.

(   ) **c)** O verbo está no pretérito imperfeito do indicativo e indica um fato anterior a outro fato passado.

(   ) **d)** O verbo está no pretérito mais-que-perfeito do indicativo e indica um fato anterior a outro fato passado.

(   ) **e)** O verbo está no pretérito perfeito do indicativo e indica uma ação habitual no passado.

**2.** Leia a tirinha.

GARFIELD                                                                 JIM DAVIS

**a)** Transcreva da tirinha dois verbos que estão no pretérito perfeito do indicativo.

_____

**b)** Transcreva da tirinha um verbo que está no **modo imperativo**. Indique se ele está no modo imperativo **negativo** ou imperativo **afirmativo**.

_____

**c)** Reescreva a fala de Jon no primeiro quadrinho utilizando o verbo **limpei** no futuro do presente do indicativo.

_____

_____

**3.** Leia o trecho de notícia.

— ☐ ✕

**Campanha pretende plantar 1 bilhão de árvores no Brasil até 2030**

*Projeto de restauração florestal abrange diversos biomas do país e tem como foco segurança hídrica, formação de corredores ecológicos e mitigação das mudanças climáticas*

O *Globo*. Disponível em: <https://oglobo.globo.com/sociedade/sustentabilidade/campanha-pretende-plantar-1-bilhao-de-arvores-no-brasil-ate-2030-23278391>. Acesso em: 2 dez. 2018.

**a)** Marque a alternativa correta sobre a forma nominal do verbo sublinhado.

( ) **a)** O verbo está no gerúndio, pois termina em **-r**.

( ) **b)** O verbo está no infinitivo, pois termina em **-r**.

( ) **c)** O verbo está no gerúndio, pois termina em **-ndo**.

( ) **d)** O verbo está no imperativo, pois seu radical é **plant**.

( ) **e)** O verbo está no pretérito perfeito e termina em **-r**.

**b)** Transcreva do trecho três verbos que estão no presente do indicativo.

_____

**4.** Marque a alternativa em que o verbo **plantar** está no gerúndio.

( ) **a)** Vamos plantar árvores amanhã.

( ) **b)** Ele havia plantado diferentes árvores.

( ) **c)** Nós plantaremos árvores amanhã.

( ) **d)** Estamos plantando árvores no quintal.

**5.** Marque a alternativa correta em relação ao verbo destacado na frase.

Se eu tivesse uma semente, **plantaria** no jardim da minha casa.

( ) **a)** O verbo está no pretérito perfeito e indica um fato concluído no passado.

( ) **b)** O verbo está no imperativo afirmativo e indica uma ordem.

( ) **c)** O verbo está no futuro do pretérito e indica um fato futuro que ocorreria se uma condição tivesse sido realizada.

( ) **d)** O verbo está no pretérito perfeito e indica uma ação repetitiva.

**6.** Leia o título de um texto jornalístico.

Após 500 anos, **choveu** no deserto do Atacama – mas teria sido melhor não

Superinteressante. Disponível em: <https://super.abril.com.br/ciencia/apos-500-anos-choveu-no-deserto-do-atacama-mas-teria-sido-melhor-nao/>. Acesso em: 2 dez. 2018.

**a)** Qual a classe gramatical da palavra destacada no título? O que essa palavra indica?

_____

_____

**b)** Transcreva do título uma locução verbal.

_____

**c)** Reescreva a oração substituindo a locução verbal por um dos verbos a seguir, mantendo seu sentido.

I. será          III. seria          V. serão

II. serei          IV. é

_____

_____

**7.** Crie duas frases utilizando verbos que expressam fenômenos da natureza.

_____

_____

**8.** Em relação aos verbos que indicam fenômenos da natureza, é correto afirmar que:

( ) **a)** São verbos pessoais, pois todos são flexionados na primeira pessoa do plural.

( ) **b)** São verbos impessoais e a forma verbal não é flexionada, pois não existe sujeito.

( ) **c)** São verbos impessoais e todos têm o mesmo sujeito.

( ) **d)** São verbos pessoais, pois a forma verbal é flexionada na primeira pessoa do singular.

**9.** Complete as lacunas flexionando adequadamente o verbo **ser**, de acordo com o tempo verbal nos parênteses.

**a)** A preservação do meio ambiente _____ importante para o ser humano e os outros seres vivos. (presente do indicativo)

**b)** Nós também _____ responsáveis pela preservação do meio ambiente. (presente do indicativo)

**c)** Aquela árvore _____ a mais alta do bosque. (futuro do presente)

**d)** Nós _____ os responsáveis pelo plantio de árvores na escola. (futuro do presente)

**10.** Leia o trecho de uma cantiga popular.

> Se essa rua
> Se essa rua **fosse** minha
> Eu mandava
> Eu mandava ladrilhar
> Com pedrinhas
> Com pedrinhas de brilhante
> Para o meu
> Para o meu amor passar
>
> Domínio público.

**a)** Em que modo verbal está a palavra destacada no trecho?

_____

**b)** O uso desse modo verbal no trecho expressa um desejo ou uma certeza? Explique.

_____

_____

## I. Frase e oração

**Frase** é um enunciado de sentido completo, composto de uma ou mais palavras, com ou sem a presença de verbo.

**Oração** é a frase que se organiza em torno de um verbo ou de uma locução verbal.

**Sujeito** é o termo da oração que concorda com o verbo e sobre o qual se declara algo. A declaração feita sobre o sujeito chama-se **predicado**.

O sujeito que pode ser identificado chama-se **sujeito determinado.** Há três tipos: simples (apenas um núcleo); composto (mais de um núcleo); oculto, desinencial ou implícito (não aparece na oração, mas pode ser identificado pela desinência verbal ou pelo contexto). O sujeito **indeterminado** não pode ser identificado na oração. Há duas maneiras de indeterminá-lo: conjugando o verbo na 3ª pessoa do plural ou justapondo o pronome *se* ao verbo na 3ª pessoa do singular.

Existem **orações sem sujeito**, que são compostas de verbos impessoais.

Uma oração está na ordem direta quando o sujeito vem antes do predicado. Quando o sujeito vem depois do predicado ou está intercalado nele, a oração está na ordem indireta. O **núcleo** é a palavra mais importante do sujeito ou do predicado.

## II. Período simples e período composto

Uma ou mais orações formam o que chamamos de **período**. O período inicia-se com letra maiúscula e pode terminar com ponto-final, ponto de exclamação, ponto de interrogação, reticências ou dois-pontos. Pode ser formado por uma ou mais orações. Aquele formado por apenas uma oração chama-se **período simples**. Quando há mais de uma oração, temos um **período composto**.

## III. Concordância verbal I: regra geral

O verbo concorda em pessoa e número com o sujeito.

**Concordância verbal II: em orações com sujeito composto e com expressões partitivas**

Em orações com sujeito composto anteposto ou posposto ao verbo, o verbo vai para o plural ou concorda com o sujeito mais próximo. Se o sujeito composto for resumido por um pronome (*tudo, nada, ninguém, isso*, etc.), o verbo concordará com o pronome e ficará no singular.

Com expressões partitivas (*a maioria, grande parte*, etc.) seguidas por determinantes no plural, o verbo fica no singular (concordando com a expressão partitiva) ou no plural (concordando com o determinante).

1. Leia o trecho de uma crônica.

### Alfabeto

Do baú: A — Primeira letra do alfabeto. A segunda é "L", a terceira é "F" e a quarta é "A" de novo. AH — Interjeição. Usada para indicar espanto, admiração, medo. Curiosamente, também são as iniciais de Alfred Hitchcock. AHN? — O quê? Hein? Sério? Repete que eu sou halterofilista. AI — Interjeição. Denota dor, apreensão ou êxtase, como em "Ai que bom, ai que bom". [...]

Luis Fernando Verissimo. *Ironias do tempo*. Rio de Janeiro: Objetiva, 2018.

a) Quanto ao título da crônica, assinale **V** (verdadeiro) ou **F** (falso).

( ) I. O título é uma frase, pois tem sentido completo mesmo sem a presença de um verbo.

( ) II. O título é uma frase organizada em torno de um verbo, por isso também é uma oração.

( ) III. O título possui sentido completo, mas não apresenta verbo, por isso não é uma oração.

b) Transcreva do trecho uma frase formada por mais de uma palavra sem a presença de verbo.

_____

c) Crie uma oração com a interjeição **ai** indicando dor. Lembre-se de que a oração precisa ter verbo ou locução verbal.

_____

_____

2. Leia a tira a seguir.

**BICHINHOS DE JARDIM**　　　　　　　　　　**CLARA GOMES**

a) Nos dois primeiros quadrinhos, as falas de Caramelo podem ser classificadas como frases ou orações? Por quê?

_____

_____

**b)** Assinale a alternativa correta em relação à fala do último quadrinho.

(   )   I. É uma frase, pois possui sentido completo, mas não apresenta verbo.

(   )  II. O sujeito da oração não pode ser identificado pelo contexto, portanto ele é indeterminado.

(   ) III. É um período simples, pois apresenta apenas um verbo: **falo**.

(   ) IV. É um período composto, pois inicia-se com letra maiúscula e termina com ponto de exclamação.

**3.** Nas frases a seguir, assinale nos parênteses **PS** (período simples) ou **PC** (período composto).

(   ) **a)** Só fico feliz depois das 10 horas da manhã.

(   ) **b)** Preciso tomar café para me sentir melhor.

(   ) **c)** Não sou bem-humorada pela manhã.

(   ) **d)** Nos dias de hoje, é importante manter o bom humor.

(   ) **e)** Por favor, só conversem comigo depois que eu tiver tomado meu café.

**4.** Leia o trecho de uma reportagem sobre brinquedos e brincadeiras.

— ☐ ✕

**Brinquedos e brincadeiras antigas resistem ao tempo em Uberlândia, MG**

*Professora e avó afirmam tentar manter vivas as tradições.*

*Aprenda a fazer com materiais simples alguns brinquedos.*

Seja na escola ou em casa, as crianças gostam mesmo é de brincar. E apesar de toda tecnologia existente nos dias de hoje, em Uberlândia, no Triângulo Mineiro, algumas brincadeiras antigas ainda resistem e são repassadas através das gerações pelos pais ou professores. [...]

G1. *Brinquedos e brincadeiras antigas resistem ao tempo em Uberlândia, MG.* Disponível em: <http://g1.globo.com/minas-gerais/triangulo-mineiro/noticia/2012/07/brinquedos-e-brincadeiras-antigas-resistem-ao-tempo-em-uberlandia-mg.html>. Acesso em: 2 dez. 2018.

**a)** Na oração "Professora e avó afirmam tentar manter vivas as tradições.", quais são o sujeito e o predicado?

_____

_____

_____

**b)** Em relação ao título da reportagem, qual o sujeito da oração? Esse sujeito é simples ou composto? Explique.

_____

_____

_____

_____

c) Observe a oração "[...] as crianças gostam mesmo é de brincar." Depois, assinale **V** (verdadeiro) ou **F** (falso) nos parênteses.

(    )    I. O sujeito dessa oração é "as crianças".

(    ) III. Nessa oração o sujeito é composto.

(    )  II. Nessa oração o sujeito é simples.

(    ) III. O núcleo do sujeito é "gostam mesmo é de brincar".

(    ) III. O núcleo do sujeito é "crianças".

(    ) III. Nessa oração, o predicado é "gostam mesmo é de brincar".

**5.** Nos períodos a seguir, indique qual o sujeito e qual o predicado. Em seguida, indique se os sujeitos são simples ou compostos.

a) Buscamos os brinquedos para doar às crianças.

_____

_____

_____

b) A professora e a mãe ensinaram a construir brinquedos.

_____

_____

_____

c) Construímos brinquedos com sucata.

_____

_____

_____

d) A professora e os alunos deram sugestões de brinquedos fáceis de fazer.

_____

_____

_____

**6.** Assinale I, II, III ou IV nos parênteses, de acordo com o tipo de sujeito presente nas orações.

I. oculto, desinencial ou implícito

II. indeterminado.

III. simples

IV. composto

(    ) a) Professores e alunos construíram brinquedos no pátio da escola.

(    ) b) As crianças aprenderam a desenhar uma amarelinha.

(    ) c) Pode-se usar fita adesiva para fazer a amarelinha.

(    ) d) Faremos diferentes brincadeiras.

**7.** Leia outro trecho da reportagem "Brinquedos e brincadeiras antigas resistem ao tempo em Uberlândia, MG". Depois, complete as lacunas do texto com uma das opções entre parênteses de acordo com as regras de concordância verbal.

> [...] Segundo o coordenador de uma escola particular de educação infantil em Uberlândia, Matheus Carrijo, uma vez por semana as turmas _____ (participa/participam) da Cantiga de Roda.
>
> "Elas _____ (faz/fazem) uma roda, _____ (cantam/canta) músicas de cantigas e nós _____ (mostra/mostramos) as brincadeiras que os pais delas _____ (brinca/brincavam) na infância deles. [...]
>
> **Pé de Lata**
>
> Nessa brincadeira _____ (é/são) amarrados cordões de náilon em cada lata para que as crianças _____ (possam/possa) andar de um lado para o outro em cima das latas. [...]
>
> Globo.com. Disponível em: <http://g1.globo.com/minas-gerais/triangulo-mineiro/noticia/2012/07/brinquedos-e-brincadeiras-antigas-resistem-ao-tempo-em-uberlandia-mg.html>. Acesso em: 2 dez. 2018.

**8.** Indique a alternativa que apresenta concordância verbal **inadequada**.

( ) **a)** A professora e a avó ensinam brincadeiras tradicionais.

( ) **b)** A maioria dos alunos gostaram de brincar de amarelinha.

( ) **c)** A maioria dos alunos gostou de brincar de amarelinha.

( ) **d)** A professora e o aluno constrói brinquedos tradicionais.

( ) **e)** Brincaremos eu e ele no pátio da escola.

( ) **f)** Brincarei eu e ele no pátio da escola.

**9.** Leia a tirinha a seguir.

ARMANDINHO                                    ALEXANDRE BECK

**a)** No segundo quadrinho, com qual substantivo concorda o verbo **acaba**?

_____

**b)** Reescreva a fala do primeiro quadrinho substituindo a palavra **rio** por **rios** e fazendo as adaptações necessárias. Lembre-se de que é preciso haver concordância verbal.

_____

**10.** Forme frases com os verbos apresentadas nos itens, mantendo a concordância verbal.

**a)** transformam

_____

_____

**b)** nasce

_____

_____

**c)** brincamos

_____

_____

**d)** está

_____

_____

**e)** sou

_____

_____

**f)** estudamos

_____

_____

## 4. PERÍODO COMPOSTO POR COORDENAÇÃO

No **período composto por coordenação**, as orações ou se justapõem ou se conectam por meio de **conjunções coordenativas**.

Essas orações são classificadas em **coordenadas sindéticas** (introduzidas por conjunções) ou **assindéticas** (não apresentam conjunção) e têm estrutura sintática independente, isto é, nenhuma delas exerce função sintática em relação à outra.

As orações coordenadas sindéticas classificam-se de acordo com a relação que estabelecem com a oração à qual se ligam e recebem o nome das conjunções ou locuções conjuntivas que as introduzem.

Classificam-se, portanto, em:

**Aditivas:** exprimem adição, soma.

(Conjunções aditivas: *e*, *nem*, *mas também*...).

**Adversativas:** exprimem oposição, contraste.

(Conjunções adversativas: *mas, porém, todavia, contudo, entretanto, no entanto...*).

**Alternativas:** exprimem alternância, escolha.

(Conjunções alternativas: *ou, ou... ou, ora... ora, quer... quer...*)

**Conclusivas:** exprimem conclusão.

(Conjunções conclusivas: *logo, pois, portanto, por isso...*)

**Explicativas:** *exprimem explicação, justificativa.*

(Conjunções explicativas: *que, porque, pois...*)

1. **Classifique os períodos a seguir em simples ou compostos por coordenação.**

   **a)** Comprei maçã, pera, banana e morangos na quitanda do bairro. _____

   **b)** Marília foi à festa e depois veio aqui em casa. _____

   **c)** Mário e Gustavo sempre estudam juntos para as provas e trabalhos. _____

   **d)** Corremos, nadamos, pedalamos. _____

2. **Em relação às orações coordenadas, marque V (verdadeiro) ou F (falso).**

   (    ) **a)** No período composto por coordenação, as orações são independentes sintaticamente.

   (    ) **b)** As orações coordenadas sindéticas são aquelas que dependem sintaticamente de outra oração para terem sentido completo.

   (    ) **c)** As orações coordenadas sindéticas classificam-se de acordo com a relação que estabelecem com a oração à qual se ligam.

   (    ) **d)** As orações coordenadas sindéticas se conectam por meio de verbos e sinais de pontuação como a vírgula.

   (    ) **e)** As orações coordenadas sindéticas recebem o nome das conjunções ou locuções conjuntivas que as introduzem.

3. **Leia os períodos compostos por coordenação e classifique as orações coordenadas em sindéticas ou assindéticas.**

   **a)** Cheguei, comi, dormi. _____

   **b)** Te liguei, mas você não atendeu. _____

   **c)** Aprendi a cozinhar porque me faz bem. _____

4. **Classifique as orações coordenadas sindéticas de acordo com as alternativas a seguir.**

   I. aditiva              (    ) **a)** João foi à feira, logo fará o almoço hoje.

   II. adversativa         (    ) **b)** Ou João vai à feira ou faz o almoço hoje.

   III. alternativa        (    ) **c)** João foi à feira e fez o almoço hoje.

   IV. conclusiva          (    ) **d)** João vai à feira porque fará o almoço hoje.

   V. explicativa          (    ) **e)** João foi à feira, mas não teve tempo de fazer o almoço hoje.

**5.** Leia as frases e, em seguida, assinale a alternativa que indica corretamente as relações expressas pelas conjunções ou locuções conjuntivas nelas destacadas.

I. "Você é capaz de esquecer o seu aniversário de namoro, **mas** certamente se lembra que 'pra dançar créu tem que ter habilidade'."

II. "**Quando** você se lembra de algo, isso pode gerar uma consequência negativa — enfraquecer as outras memórias armazenadas no cérebro."

III. "[...] estamos esquecendo cada vez mais as coisas importantes **porque** lembramos cada vez mais das coisas sem importância."

IV. "**Se** tudo ficasse na cabeça para sempre, ele viraria um depósito de entulho."

V. "**Afinal**, para que saber onde você estacionou o carro na semana passada?"

Gisela Blanco. *Memória: esquecer para lembrar.* Disponível em: <http://super.abril.com.br/ciencia/esquecer-lembrar-617874.shtml>. Acesso em: 3 dez. 2018.

(   ) **a)** oposição, tempo, causa, condição, finalidade

(   ) **b)** oposição, finalidade, causa, condição, causa

(   ) **c)** adição, tempo, causa, oposição, finalidade

(   ) **d)** oposição, tempo, condição, causa, finalidade

(   ) **e)** condição, finalidade, causa, condição, consequência

**6.** Leia a tirinha a seguir.

GARFIELD — JIM DAVIS

**a)** Transcreva os pensamentos de Garfield no segundo e terceiro quadrinhos formando um período composto. Utilize a pontuação adequada.

**b)** Quantas orações há no período formado no item anterior? Essas orações são coordenadas? Explique.

**c)** Complete a frase a seguir com uma das opções entre parênteses.

O terceiro quadrinho da tirinha se inicia com uma _____

_____ (conjunção adversativa/conjunção alternativa) que expressa ideia

de _____ (conclusão/oposição).

**7.** Leia o texto a seguir.

## Planeta água

[...] Há muita água na Terra, mas 97% está nos oceanos e é salgada, portanto, não serve para consumo ou irrigação. Apenas 3% das águas são doces e boa parte é própria para consumo. No entanto, também há água doce em geleiras e regiões subterrâneas, de difícil acesso.

Joca – O único jornal para jovens e crianças. Disponível em: <https://issuu.com/magiadeler/docs/almanaque_joca_2018>. Acesso em: 3 dez. 2018.

**a)** Transcreva do trecho duas conjunções adversativas, ou seja, que indicam oposição, contraste.

_____

**b)** Transcreva duas conjunções aditivas, que expressam ideia de adição, soma.

_____

**8.** Releia a frase a seguir.

"Há muita água na Terra, mas 97% está nos oceanos e é salgada, portanto, não serve para consumo ou irrigação."

**a)** Qual a ideia expressa pela conjunção **portanto**? Explique.

_____

_____

_____

**b)** Transcreva uma oração que apresente conjunção alternativa, que indica escolha, alternância.

_____

_____

**9.** Leia a história em quadrinhos a seguir.

**a)** Explique o que provoca o humor nessa tirinha.

_____

_____

**b)** Releia a fala de Suriá no segundo quadrinho:

> "Ela também se machucou — levou um susto com o meu grito, caiu e ralou o joelho!"

**I.** Quantas orações formam este período composto por coordenação?

_____

**II.** Classifique cada uma delas em sindética ou assindética.

_____

_____

_____

**III.** Como é(são) classificada(s) a(s) oração(ões) coordenada(s) sindética(s) do período?

_____

_____

**10.** Observe as fotografias a seguir e, a partir delas, componha períodos compostos com orações coordenadas conforme indicado.

**a)** oração coordenada assindética

_____

_____

_____

**b)** oração coordenada sindética adversativa

_____

_____

_____

**c)** oração coordenada sindética conclusiva

_____

_____

_____

**d)** oração coordenada sindética alternativa

_____

_____

_____

## 5. TRANSITIVIDADE VERBAL

Quando a ação do verbo precisa de complemento para ser totalmente compreendida, dizemos que esse verbo é **transitivo**. O verbo cuja ação não necessita de complemento é chamado **intransitivo**. A essa necessidade que um verbo tem ou não de complemento, chamamos **transitividade verbal**.

### Objetos direto e indireto

O verbo transitivo que se liga ao objeto sem preposição obrigatória é chamado **transitivo direto**, e seu complemento, **objeto direto**. O verbo transitivo que se liga ao objeto com preposição obrigatória é chamado **transitivo indireto**, e seu complemento, **objeto indireto**. O verbo que aceita ambos os objetos simultaneamente é chamado **transitivo direto e indireto**.

Pronomes pessoais retos desempenham normalmente a função de sujeito, enquanto pronomes oblíquos podem ser objetos diretos (*o, a, os, as*) ou indiretos (*lhe, lhes*). No entanto, a transitividade depende também do contexto.

Quando o núcleo do predicado é um verbo transitivo ou intransitivo, o predicado é verbal.

**1.** Assinale **I** nos casos em que o verbo é intransitivo e **T** nos casos em que o verbo é transitivo.

(     ) **a)** Meu sobrinho já nasceu.

(     ) **b)** Precisava de você aqui comigo.

(     ) **c)** Minha mãe nunca se casou.

(     ) **d)** O lustre sumiu!

(     ) **e)** Comi espaguete no almoço.

(     ) **f)** Falei com eles ontem sobre isso.

(     ) **g)** A casa caiu!

(     ) **h)** Mara pediu um adiantamento.

(     ) **i)** Carlos, você volta amanhã?

(     ) **j)** Do que sua avó morreu?

**2.** Um mesmo verbo pode ser considerado transitivo ou intransitivo, dependendo do contexto. Veja os exemplos:

  I. Ivan **saiu**. (verbo intransitivo)

  II. Ivan **saiu** do trabalho. (verbo transitivo indireto)

• Crie frases com os verbos a seguir de modo que eles apareçam, em diferentes contextos, como intransitivos e como transitivos.

**a)** comparecer

_____

**b)** escorregar

_____

**c)** sentar

_____

**d)** voltar

_____

**3.** Leia a tirinha com a personagem Armandinho e sua mãe.

ARMANDINHO

ALEXANDRE BECK

© ALEXANDRE BECK
beckilustras@gmail.com

**a)** Qual é o único verbo que aparece na tirinha?

_____

**b)** Que ideia a repetição do verbo reforça nas falas da mãe de Armandinho?

_____

**c)** O verbo foi utilizado com o mesmo sentido em todas as ocorrências na tirinha? Justifique sua resposta.

_____

_____

**d)** Como esse verbo se classifica em relação à transitividade?

_____

**4.** Leia os provérbios a seguir.

> Devagar se vai ao longe.
>
> De grão em grão, a galinha enche o papo.
>
> As aparências enganam.

**a)** Que relação de sentido existe entre esses três provérbios?

_____

_____

**b)** Qual provérbio apresenta as transitividades verbais a seguir?

I. verbo intransitivo: _____

II. verbo transitivo direto: _____

III. verbo transitivo indireto: _____

**c)** A depender do contexto, qual desses verbos poderia apresentar transitividade diferente? Dê um exemplo.

_____

_____

**5.** Assinale a alternativa em que o predicado não é verbal.

(   ) **a)** Pedro e Carol não vão à escola hoje.

(   ) **b)** A tolerância precisa crescer cada vez mais.

(   ) **c)** Luciana está insegura.

(   ) **d)** As aulas de teatro já começaram.

**6.** Leia a tirinha a seguir.

**TURMA DO SNOOPY** — CHARLES M. SCHULZ

Quadrinho 1: ESTE ANO VAI TER UM SHOW NO NOSSO CLUBE DE PATINAÇÃO.

Quadrinho 2: APOSTO QUE EU PODERIA PARTICIPAR SE TIVESSE ALGUÉM PARA PATINAR COMIGO.

Quadrinho 3: PRECISO DE UM PARCEIRO QUE SEJA BONITÃO E GRACIOSO.

Quadrinho 4: CHAMOU, QUERIDA?

PEANUTS, CHARLES SCHULZ © 1971 PEANUTS WORLDWIDE LLC. / DIST. BY ANDREWS MCMEEL SYNDICATION

**a)** Leia novamente o terceiro quadrinho. Como o verbo **preciso** se classifica em relação à transitividade? Explique.

_____

_____

**b)** Leia a frase a seguir.

| Meu parceiro será bonitão e gracioso.

• Qual o predicado dessa oração? Esse predicado é verbal?

_____

_____

**c)** No último quadrinho, por que Snoopy pergunta se foi chamado? O que a expressão corporal dele demonstra?

_____

_____

_____

**7.** Dependendo do contexto, o verbo **precisar** pode ser transitivo direto ou indireto. Crie uma frase em que esse verbo apareça como transitivo direto e outra em que ele apareça como transitivo indireto.

_____

**8.** Garfield está em dúvida. Leia a tirinha e confira.

GARFIELD                                                                    JIM DAVIS

**a)** Qual a classificação do verbo **comer** quanto à transitividade?

_____

**b)** Qual a transitividade do verbo **dormir**? Explique.

_____

_____

**c)** No primeiro quadrinho, Garfield tinha uma dúvida: dormir ou comer. De acordo com o contexto da tirinha, por que ele escolheu dormir?

_____

_____

**9.** Observe a frase a seguir.

|     Lavamos todas as latas.

● Em relação à frase, complete as lacunas do texto a seguir, escolhendo uma das opções entre parênteses.

O sujeito dessa oração é _____ ("Nós" / "Lavamos"), ou seja, é um

sujeito _____ (oculto / indeterminado). O predicado dessa ora-

ção é _____ ("Lavamos todas as latas" / "todas

as latas). O verbo **lavamos** é transitivo _____ (direto/indireto),

e "todas as latas" tem função sintática de objeto _____ (direto/

indireto).

# COESÃO

# COESÃO

## 1. ASSOCIAÇÃO SEMÂNTICA ENTRE PALAVRAS

▶ O texto a seguir refere-se às questões 1 a 4.

### A queda da Casa de Usher

Durante um dia inteiro de outono, escuro, sombrio, silencioso, em que as nuvens pairavam, baixas e opressoras, nos céus, passava eu, a cavalo, sozinho, por uma região singularmente monótona — e, quando as sombras da noite se estendiam, finalmente me encontrei diante da melancólica Casa de Usher. Não sei como foi — mas, ao primeiro olhar lançado à construção, uma sensação de insuportável tristeza me invadiu o espírito. Digo insuportável, pois aquele sentimento não era atenuado por essa emoção meio agradável, meio poética, com que o nosso espírito recebe, em geral, mesmo as imagens naturais mais severas da desolação e do terrível. Contemplei a cena que tinha diante de mim — a simples casa, a simples paisagem característica da propriedade, os frios muros, as janelas que se assemelhavam a olhos vazios, algumas fileiras de carriços e uns tantos troncos apodrecidos — com uma completa depressão de alma [...]. Era uma sensação de alguma coisa gelada, um abatimento, um aperto no coração, uma aridez irremediável de pensamento que nenhum estímulo da imaginação poderia elevar ao sublime. Que era aquilo — detive-me a pensar — que era aquilo que tanto me enervava, ao contemplar a Casa de Usher? Era um mistério de todo insolúvel; não podia lutar contra as sombrias visões que se amontoavam sobre mim enquanto pensava naquilo.

[...]

Edgar Allan Poe. *Histórias extraordinárias*.
São Paulo: Abril Cultural, 1981. (Fragmento).

### Glossário

**Carriços:** plantas comuns às margens de brejos, onde formam tufos com suas folhas cortantes; canas-bravas.

**Aridez:** dureza, frieza.

**1.** Esse texto é o primeiro parágrafo de um célebre conto do escritor norte-americano Edgar Allan Poe (1809-1849). Qual seria a função desse parágrafo na narrativa?

_____

_____

**2.** O vocabulário escolhido para apresentar ou caracterizar uma cena provoca no leitor algumas sensações em relação ao que está sendo descrito.

**a)** Faça uma lista das palavras e expressões usadas para caracterizar o cenário nesse parágrafo.

_____

_____

_____

_____

ROBSON ARAUJO

**b)** O que há em comum entre as palavras e expressões que você identificou? Que ideias e sensações elas sugerem?

_____

_____

_____

**c)** Analisando esse vocabulário, que tipo de história você imagina que será contada?

_____

**3.** Nesse trecho, existem muitas palavras e expressões que indicam sentimentos e sensações do narrador em relação àquilo que vê.

**a)** Se retirássemos essas palavras e expressões do texto, quais elementos da descrição permaneceriam inalterados?

_____

_____

**b)** Reescreva o parágrafo mantendo apenas os elementos objetivos da descrição, ou seja, eliminando os adjetivos e as impressões da personagem a respeito da paisagem.

_____

_____

_____

_____

_____

_____

_____

**4.** Imagine agora que você vai usar os elementos objetivos dessa descrição para escrever uma história de amor.

**a)** Faça uma lista de palavras e expressões relacionadas a _amor_ que poderiam ser usadas nessa descrição.

_____

_____

**b)** Reescreva o parágrafo numa folha à parte, mantendo os elementos da descrição inicial, mas acrescentando as palavras e expressões que você listou. Depois de pronto, afixe seu texto no mural da sala.

▶ O texto a seguir refere-se às questões 1 a 5.

## O mundo

Um homem da aldeia de Neguá, no litoral da Colômbia, conseguiu subir aos céus. Quando voltou, contou. Disse que tinha contemplado, lá do alto, a vida humana. E disse que somos um mar de fogueirinhas.

— O mundo é isso — revelou. — *Um montão de gente, um mar de fogueirinhas.*

Cada pessoa brilha com luz própria entre todas as outras. Não existem duas fogueiras iguais. Existem fogueiras grandes e fogueiras pequenas e fogueiras de todas as cores. Existe gente de fogo sereno, que nem percebe o vento, e gente de fogo louco, que enche o ar de chispas. Alguns fogos, fogos bobos, não alumiam nem queimam; mas outros incendeiam a vida com tamanha vontade que é impossível olhar para eles sem pestanejar, e quem chegar perto pega fogo.

Eduardo Galeano. *O livro dos abraços.*
Trad.: Eric Nepomuceno. Porto Alegre: L&PM, 2002.

**1.** **Qual expressão se repete no início do texto? Em que contextos ela foi empregada?**

_____

_____

_____

**2.** **O termo fogueiras se repete quatro vezes no texto de forma metafórica, figurada.**
   **a)** Substitua esse termo por palavras que enfatizem o sentido literal.

_____

   **b)** Qual é o objetivo da repetição dessa palavra no texto?

_____

_____

_____

**3.** **Outra palavra que se repete várias vezes no texto é fogo.**
   **a)** Que tipos de fogo o autor enumera?

_____

_____

   **b)** No sentido figurado, o que pode significar cada tipo de fogo?

**4.** Para entender o texto como um todo, é necessário compreender por que as pessoas são chamadas de "fogueirinhas". Explique.

_____

_____

**5.** Reescreva o texto imaginando-o como informativo. A nova redação provoca o mesmo impacto que a original? Por quê?

_____

_____

_____

_____

_____

_____

_____

_____

_____

_____

_____

▶ O texto a seguir refere-se às questões 6 a 8.

Amor é um fogo que arde sem se ver;
É ferida que dói e não se sente;
É um contentamento descontente;
É dor que desatina sem doer;

É um não querer mais que bem querer;
É um andar solitário por entre a gente;
É nunca contentar-se de contente;
É um cuidar que ganha em se perder;

É querer estar preso por vontade;
É servir a quem vence, o vencedor;
É ter com quem nos mata lealdade.

Mas como causar pode seu favor
Nos corações humanos amizade,
Se tão contrário a si é o mesmo Amor?

Luís de Camões. Rimas. Primeira parte. Soneto 4.
In: Antônio Salgado Júnior (Org.). _Obra completa._
Rio de Janeiro: Nova Aguilar, 2008. p. 270.

ROBSON ARAUJO

**6.** O poema de Camões procura dar uma definição do amor.

**a)** Que palavra repetida no poema indica essa tentativa de definição?

_____

**b)** Qual é a principal figura de linguagem presente no poema?

_____

**7.** Em que a última estrofe do poema difere das demais?

_____

_____

● Qual é a contradição questionada pelo eu lírico?

_____

_____

_____

**8.** Quais as semelhanças entre o poema de Camões e o texto de Eduardo Galeano?

_____

_____

_____

**9.** Leia o texto a seguir.

ROBSON ARAUJO

## O matador de gigantes

Quando reinava o bom Rei Artur, vivia, próximo do Final das Terras, na Inglaterra, no condado da Cornualha, um fazendeiro com um filho único chamado Jack. Ele era esperto, animado e engenhoso, e ninguém conseguia enganá-lo.

Naquela época o Monte da Cornualha era dominado por um imenso gigante chamado Cormoran. Tinha cinco metros de altura e aproximadamente dois metros de cintura, seu semblante era feroz e carrancudo, era o terror de todas as cidades e aldeias vizinhas. Vivia numa caverna no meio do Monte, e quando queria alimento andava na água rasa até a terra firme, onde pegava o que vinha ao seu encontro. Quando se aproximava, todos corriam para suas casas, enquanto ele pegava o gado. Para ele não era nada difícil carregar nas costas meia dúzia de bezerros de uma só vez; e quanto aos carneiros e suínos, ele os amarrava em volta da cintura. Fizera isso durante muitos anos, e todo o povo da Cornualha estava desesperado.

Um dia Jack estava na prefeitura, onde os magistrados estavam reunidos em um grande conselho para discutir sobre o gigante. Ele perguntou: "Que recompensa será dada ao homem que matar Cormoran?" "O tesouro do gigante será a recompensa", disseram. "Então assumirei esse trabalho", disse Jack.

🔍 **Glossário**

**Magistrados:** participantes da administração política de uma região.

Pegou uma corneta, uma pá e uma picareta, foi para o Monte no início do entardecer de um escuro dia de inverno e começou a trabalhar; antes do amanhecer já havia cavado uma cova de vinte e dois pés de profundidade e quase o mesmo de largura; depois cobriu-a com grandes galhos e palha. Então espalhou uma pequena camada de barro em cima para que parecesse solo normal. Jack ficou do lado oposto da cova, o lado mais distante da moradia do gigante, e ao raiar da manhã tocou a corneta — Tantivi, Tantivi. Esse barulho acordou o gigante, que saiu correndo de sua caverna gritando: "Seu vilão incorrigível, você veio aqui só para perturbar meu descanso? Vai pagar caro por isso. A minha satisfação será pegá-lo inteirinho e assá-lo para o café da manhã." Mal havia dito essas palavras, ele caiu dentro da cova, fazendo o Monte inteiro tremer. "Oh, gigante", disse Jack, "onde você está agora? Na verdade, agora você está no Depósito de Animais Extraviados, onde com certeza vou atormentá-lo por causa de suas palavras ameaçadoras: o que você acha agora de me assar para o café da manhã? Nenhum outro prato lhe serve a não ser o pobre do Jack?" Após atormentá-lo por algum tempo, Jack lhe deu um golpe pesado com sua picareta no topo da cabeça e o matou de vez. Então encheu a cova com terra e foi à procura da caverna, onde descobriu um grande tesouro. Quando os magistrados souberam disso fizeram uma declaração de que daí em diante ele seria denominado

JACK, O MATADOR DE GIGANTES

e o presentearam com uma espada e um cinto, no qual estavam escritas essas palavras, bordadas em letras douradas:

*Aqui está o valente homem da Cornualha*

*que matou o gigante Cormoran.*

[...]

Flávio Moreira da Costa (Org.). *Os grandes contos populares do mundo.*
Rio de Janeiro: Ediouro, 2005. p. 222-223. (Fragmento).

**Glossário**

**Vilão:** no texto, morador de vila; camponês; plebeu.

**Extraviados:** desviados do caminho, perdidos.

- Assinale a alternativa correta.

> "Vivia numa caverna no meio do Monte, e quando queria alimento andava na água rasa até a terra firme, onde pegava o que vinha ao **seu** encontro. Quando se aproximava, todos corriam para **suas** casas, enquanto ele pegava o gado. Para ele não era nada difícil carregar nas costas meia dúzia de bezerros de uma só vez; e quanto aos carneiros e suínos, ele **os** amarrava em volta da cintura."

( ) **a)** Os termos **seu**, **suas** e **os** referem-se respectivamente ao gigante, aos carneiros e suínos e à população (todos).

( ) **b)** Os termos **seu**, **suas** e **os** referem-se respectivamente a alimento, a casas e a bezerros.

( ) **c)** Os termos **seu**, **suas** e **os** referem-se respectivamente ao gigante, à população (todos) e a carneiros e suínos.

( ) **d)** Os termos **seu**, **suas** e **os** referem-se respectivamente ao gigante, à população (todos) e aos bezerros.

( ) **e)** Os termos **seu**, **suas** e **os** referem-se respectivamente ao gigante, a casas e a carneiros e suínos.

▶ O texto a seguir refere-se às questões 10 e 11.

## Uma flauta e outra flauta

"Eu quero estudar flauta!"

Era assim que eu falava, todos os dias, no almoço e no jantar. Até que meus pais se deram conta de que eu não estava brincando e me puseram na aula de música.

A mania da flauta começou quando meu avô me levou para assistir a um concerto. Meu primeiro concerto: eu tinha cinco anos.

[...] Ainda sei o nome da orquestra: English Chamber Orchestra, que em português quer dizer "Orquestra de Câmara Inglesa". O maestro era um velhinho de cabelo branco que regia apoiado no pódio, para não cair. Chamava-se John Barbirolli, ou, para ser mais exato, sir John Barbirolli. Tinha recebido um título de nobreza da rainha da Inglaterra por ser muito bom regente.

Tudo isso eu lembro, mas não me comove muito. Quanto mais a gente cresce, mais vai acumulando lembranças. Mas existem as recordações frias — de coisas, fatos, pessoas, bichos, palavras, ideias, vontades — e memórias de outra natureza, que a gente vive de novo quando se lembra. Às vezes é justamente aquilo que a gente acha que esqueceu que na verdade fica guardado mais fundo. É o caso do flautista daquela orquestra.

Não penso muito nele, nem lembro o seu nome. Mas mais de trinta anos depois daquela noite eu ainda escuto, às vezes, o som da sua flauta. De pé na frente da orquestra, ao lado de sir John, o flautista parecia um embaixador de outro mundo, falando uma outra língua, sem palavras, que, no entanto, eu compreendia como se fosse minha. E o que ele dizia era algo muito importante.

Não sabia ainda o que era, mas já pressentia, meio maravilhado, que talvez fosse a explicação de tudo: das coisas, fatos, pessoas, bichos, palavras, ideias e vontades que compunham juntos a minha vida, aos cinco anos de idade. Aquela música vinha animar tudo isso de um sentido novo, que eu já esquecera no dia seguinte, mas que até hoje continuo tentando lembrar.

Arthur Nestrovski. *O livro da música.*
São Paulo: Companhia das Letrinhas, 2000. p. 11-12. (Fragmento).

ROBSON ARAUJO

**🔍 Glossário**

**Regia:** dirigia como regente, desempenhando a função de maestro.

**Pódio:** plataforma onde o maestro se posiciona para reger a orquestra.

**10.** Assinale a alternativa **correta** sobre a forma verbal destacada no trecho abaixo.

"Era assim que eu **falava**, todos os dias, no almoço e no jantar."

( ) **a)** O verbo está no pretérito imperfeito do indicativo e indica uma ação habitual no passado.

( ) **b)** O verbo está no pretérito perfeito do indicativo e indica um fato perfeitamente acabado no passado.

( ) **c)** O verbo está no pretérito imperfeito do indicativo e indica um fato anterior a outro fato passado.

( ) **d)** O verbo está no pretérito mais-que-perfeito do indicativo e indica um fato anterior a outro fato passado.

( ) **e)** O verbo está no pretérito perfeito do indicativo e indica uma ação habitual no passado.

**11.** Leia novamente o sexto parágrafo do texto *O livro da música*. A relação estabelecida pela conjunção **mas** é de:

(   ) **a)** finalidade.

(   ) **b)** conclusão.

(   ) **c)** oposição.

(   ) **d)** explicação.

(   ) **e)** causalidade.

▶ O texto a seguir refere-se às questões 12 a 14.

## Esquecer para lembrar

*A sua cabeça está cada vez mais cheia de coisas.*
*Mas por que esquecemos o que queremos lembrar?*
*A resposta acaba de ser descoberta — e vai contra*
*tudo o que se pensava*

Você conhece uma pessoa e logo depois esquece o nome dela? Nunca sabe onde largou as chaves de casa, a carteira, os óculos? Vai ao supermercado e sempre deixa de comprar alguma coisa porque não se lembra? E de vez em quando, bem no meio de uma conversa, para e se pergunta sobre o que é que estava falando mesmo? Você não é o único. Bem-vindo ao mundo moderno. Devem existir uns 6 bilhões de pessoas com o mesmo problema. No meio de tudo o que escolhemos e temos para fazer é difícil se lembrar de alguma coisa. Isso você já sabe. O que você não sabe é que a sua memória tem uma capacidade incrível, muito maior do que jamais imaginou. E a chave para dominá-la não é tentar se lembrar de cada vez mais coisas: é aprender a esquecer.

Mas o que está acontecendo, afinal, com a memória das pessoas? Tudo bem que recebemos cada vez mais estímulos, que acabam gerando uma sobrecarga mental. Mas isso não explica tudo. Afinal, se as informações competem por espaço na nossa cabeça, deveríamos nos lembrar do que é mais importante e esquecer o menos importante, certo? Só que, na prática, geralmente acontece o contrário. Você é capaz de esquecer o seu aniversário de namoro, mas certamente se lembra que "pra dançar créu tem que ter habilidade", ou o refrão de qualquer outra música que tenha grudado na sua cabeça. Por que esquecemos o que queremos lembrar? A resposta acaba de ser descoberta, e vai contra tudo o que sempre se pensou sobre memória. A ciência sempre acreditou que uma memória puxa a outra, ou seja, lembrar-se de uma coisa ajuda a recordar outras. Em muitos casos, isso é verdade (é por isso que, quando você se lembra de uma palavra que aprendeu na aula de inglês, por exemplo, logo em seguida outras palavras vêm à cabeça). Mas um estudo revolucionário, que foi publicado por cientistas ingleses e está causando polêmica entre os especialistas, descobriu o oposto. Quando você se lembra de algo, isso pode gerar uma consequência negativa — enfraquecer as outras memórias armazenadas

 **Glossário**

**Sobrecarga:** excesso de carga.

**Revolucionário:** progressista, inovador, que introduz novos processos, grandes alterações ou transformações.

no cérebro. "O enfraquecimento acontece porque se lembrar de uma coisa é como reaprendê-la", explica o psicólogo James Stone, da Universidade de Sheffield. Vamos explicar.

As memórias são formadas por conexões temporárias, ou permanentes, entre os neurônios. Suponha que você pegue um papelzinho onde está escrito um endereço de rua. O seu cérebro usa um grupo de neurônios para processar essa informação. Para memorizá-la, fortalece as ligações entre eles — e aí, quando você quiser se lembrar do endereço, ativa esses mesmos neurônios. Beleza. Só que nesse processo parte do cérebro age como se a tal informação (o endereço de rua) fosse uma coisa inteiramente nova, que deve ser aprendida. E esse pseudoaprendizado acaba alterando, ainda que só um pouquinho, as conexões entre os neurônios. Isso interfere com outros grupos de neurônios, que guardavam outras memórias, e chegamos ao resultado: ao se lembrar de uma coisa, você esquece outras. O pior é que esse processo não distingue as recordações úteis das inúteis. Ou seja, ficar se lembrando de besteiras prejudica as lembranças que realmente importam. O simples ato de ouvir rádio pode ser suficiente para disparar esse processo (acredita-se que determinadas músicas possam "travar" o córtex auditivo, causando aquelas incessantes repetições de uma melodia dentro da sua cabeça). Conclusão: estamos esquecendo cada vez mais as coisas importantes porque lembramos cada vez mais das coisas sem importância. Mas isso não é o fim do mundo.

"Esquecer faz parte de uma memória saudável", afirma o neurocientista Ivan Izquierdo, diretor do centro de memória da PUC-RS e autor do livro *A arte de esquecer*. Até 99% das informações que vão para a memória somem alguns segundos ou minutos depois. Isso é um mecanismo de limpeza que ajuda a otimizar o trabalho do cérebro. Se tudo ficasse na cabeça para sempre, ele viraria um depósito de entulho. Isso nos tornaria incapazes de focar em qualquer coisa e atrapalharia bastante o dia a dia. Afinal, para que saber onde você estacionou o carro na semana passada? O importante é se lembrar de onde o deixou hoje de manhã. O esquecimento também é um trunfo da evolução. Imagine se as mulheres pudessem se lembrar exatamente, nos mínimos e mais arrepiantes detalhes, da dor que sentiram durante o parto? Provavelmente não teriam outros filhos. Aliás, recordar-se de tudo pode ter efeitos psicológicos graves. É o caso da americana Jill Price, de 44 anos, cuja história contamos na SUPER de agosto. Você não se lembra? Vamos resumir: ela sabe tudo o que aconteceu, comeu e fez em cada dia dos últimos 29 anos. Por causa disso, tem problemas psiquiátricos e sofre para levar uma vida normal. "Imagine se você conseguisse se lembrar de todos os erros que já cometeu", explica. Seria horrível. Para evitar que a memória se torne um pesadelo, o cérebro possui um mecanismo de defesa. E ele fica numa das profundezas mais misteriosas da mente humana.

[...]

Gisela Blanco.
Disponível em: <http://super.abril.com.br/ciencia/
esquecer-lembrar-617874.shtml>. Acesso em: 6 dez. 2018. (Fragmento).

 **Glossário**

**Conexões:** ligações, uniões.

**Neurônios:** células do sistema nervoso.

**Pseudoaprendizado:** falso aprendizado.

**Córtex auditivo:** parte do cérebro que recebe e interpreta estímulos sonoros.

**Incessantes:** que não sofrem interrupção, contínuas.

**Otimizar:** favorecer.

**Entulho:** acúmulo de sobras.

**12.** Releia estas frases e, em seguida, assinale a alternativa que indica correta-mente as relações expressas pelas conjunções ou locuções conjuntivas nelas destacadas.

- "Você é capaz de esquecer o seu aniversário de namoro, **mas** certamente se lembra que 'pra dançar créu tem que ter habilidade'."

- "**Quando** você se lembra de algo, isso pode gerar uma consequência negativa — enfraquecer as outras memórias armazenadas no cérebro."

- "[...] estamos esquecendo cada vez mais as coisas importantes **porque** lembramos cada vez mais das coisas sem importância."

- "**Se** tudo ficasse na cabeça para sempre, ele viraria um depósito de entulho."

- "Afinal, **para que** saber onde você estacionou o carro na semana passada?"

( ) **a)** oposição, tempo, causa, condição, finalidade

( ) **b)** oposição, finalidade, causa, condição, causa

( ) **c)** adição, tempo, causa, oposição, finalidade

( ) **d)** oposição, tempo, condição, causa, finalidade

( ) **e)** condição, finalidade, causa, condição, consequência

**13.** No primeiro parágrafo, o pronome **isso** na frase "Isso você já sabe" refere-se a quê?

_____

_____

**14.** Reescreva a frase a seguir substituindo o termo **para**, sem alterar o sentido da frase.

"Para evitar que a memória se torne um pesadelo, o cérebro possui um mecanismo de defesa. E ele fica numa das profundezas mais misteriosas da mente humana."

_____

_____

_____

- Assinale a alternativa que indica o sentido expresso por **para** nessa frase.

( ) **a)** Explicação.

( ) **b)** Oposição.

( ) **c)** Conclusão.

( ) **d)** Finalidade.

( ) **e)** Conformidade.

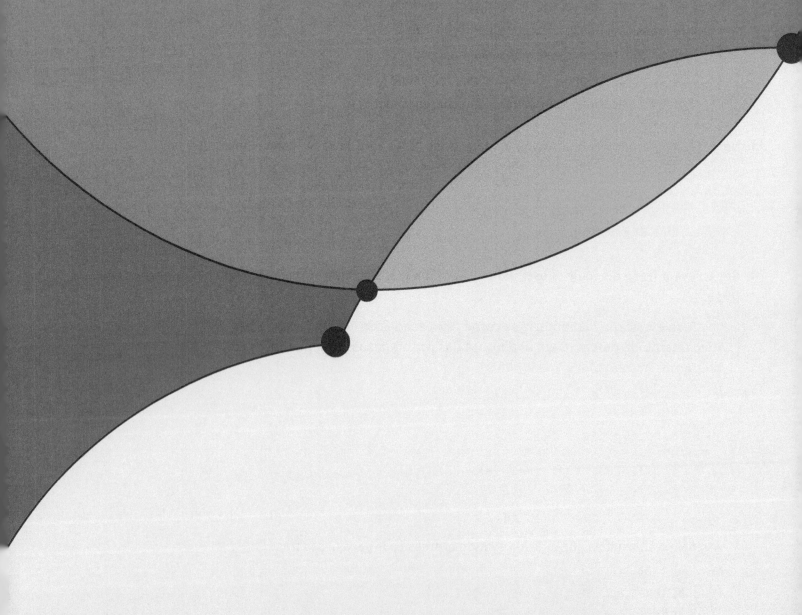

# AS PALAVRAS E SEUS SIGNIFICADOS

# AS PALAVRAS E SEUS SIGNIFICADOS

## 1. ESTRUTURA E FORMAÇÃO DE PALAVRAS

Os elementos que compõem a **estrutura das palavras** são o radical, a desinência, a vogal temática, o tema e os afixos.

- **Radical** é o elemento constante que agrupa palavras em uma mesma família e lhes dá uma mesma base de significado.
- **Desinência** é o elemento que indica as flexões dos nomes e dos verbos. Ela pode ser **nominal** (quando indica gênero e número dos substantivos, adjetivos, artigos, numerais e pronomes) ou **verbal** (quando indica o número e a pessoa — desinência número-pessoal — e o modo e o tempo — desinência modo-temporal dos verbos.
- **Vogal temática** é aquela que, unida ao radical do verbo, caracteriza sua conjugação. É possível identificar três vogais temáticas nos verbos:
  - **-a-** (1ª conjugação): *cantar, lutar, amar.*
  - **-e-** (2ª conjugação): *ler, vender, torcer.*
  - **-i-** (3ª conjugação): *incluir, pedir, permitir.*
- **Tema** é o conjunto formado pelo radical mais a vogal temática. A ele se juntam as desinências responsáveis pelas diversas flexões dos verbos e nomes.
- **Afixos** são elementos que se unem ao radical (ou ao tema), modificando seu significado e/ou mudando a classe gramatical da palavra. Os afixos anexados antes do radical são chamados de **prefixos**. Aqueles anexados depois do radical (ou do tema) são chamados de **sufixos**.

**Derivação** é o processo de formação de novas palavras a partir de outras já existentes. Ela pode se dar das seguintes maneiras:

- **Derivação prefixal ou prefixação** — com o acréscimo de um prefixo:

  des + leal = desleal

  prefixo  radical

- **Derivação sufixal ou sufixação** — com o acréscimo de um sufixo:

  leal + dade = lealdade

  radical  sufixo

- **Derivação prefixal e sufixal** — com o acréscimo de prefixo e sufixo:

  des + leal + dade = deslealdade

### Observação:

- O processo de formação de palavras que exige o acréscimo simultâneo de prefixo e sufixo chama-se **derivação parassintética**. Exemplos: *amanhecer, entardecer, anoitecer, assustadora, enjaular.*
- O processo de formação de palavras com base na mudança da classe gramatical a que originalmente pertenciam, sem alteração em sua forma, é chamado de **derivação imprópria**. Exemplos: *fantasma* (de substantivo a adjetivo — *cidade fantasma*), *escolhido* (de particípio a substantivo ou adjetivo).

O processo de formação de palavras pela união de dois ou mais radicais é chamado de **composição**. Há dois modos de composição:

- **Justaposição** — quando os radicais se unem sem sofrer alteração. Exemplos: *cavalo-marinho, couve-flor, guarda-roupa, girassol*.
- **Aglutinação** — quando ao menos uma das palavras sofre alteração em sua forma, perdendo algum elemento na união. Exemplos: *vinagre* (*vinho + acre*), *planalto* (*plano + alto*).

**Hibridismo** é o processo de formação de palavras com elementos de línguas diferentes. Exemplos: *automóvel* (*auto*, grego + *móvel*, latim), *televisão* (*tele*, grego + *visão*, latim).

**1.** Leia o texto a seguir.

## Quadrúpede

Há anos meus filhos insistiam com a ideia de termos um cachorro. Minha posição sempre foi clara: "se entrar um animal nessa casa, eu saio".

Não é que eu não goste de animais, eu adoro. O problema é que não tenho tempo pra cuidar e filhos, você sabe como é. No início tomam conta, saem pra passear, dão banho, comida. Com o tempo, abandonam as funções e aí... sobra pra quem?

Pois bem. Certo dia, meus filhos resolveram testar minha intransigência para saber se eu estava falando a verdade ou tudo não passava de um blefe. Foi assim. Fui chamado à sala, onde me disseram, haveria uma surpresa. Não era meu aniversário, nem dia dos pais. Fiquei intrigado. O que será?

Dei de cara com um filhote de *Golden Retriever* lindo, que sorriu pra mim como se eu fosse um pacote de ração. A coisa mais fofa do mundo. Confesso que contribuiu para minha simpatia instantânea o fato de o bichinho estar vestindo a camisa do Sport Club Internacional. Foi um golpe baixo dos moleques, apelar para meus sentimentos mais profundos. Mas numa hora dessas, eles são capazes de tudo.

Claro que não saí de casa e, portanto, minha palavra caiu em descrédito. Desceu vários degraus na escala de valor, de autoridade, de algum respeito que eu ainda tinha no ambiente familiar. Cada vez mais estou me tornando um inútil dentro de casa, coisa que só não acontece definitivamente porque alguém tem que pagar as contas. Inclusive as do cachorro. Sim, porque esses bichinhos não comem resto de comida nem usam sabão grosso pra tomar banho. O xampu dele é mais caro do que o meu e o preço da ração desequilibrou completamente o orçamento doméstico. E mais: veterinário, vacinas, comprimidos, biscoitinhos, osso de plástico, cama, tapete, coleira, *spray* pode-não pode e até uma bolsa pra carregar a criança, quer dizer, o animal. Que eu carinhosamente comecei a chamar de Quadrúpede.

Aí começou a fase predador. É a natureza do bicho, ele precisa se manifestar como os da sua raça. Estraçalhou um sofá da sala e a *chaise long* do quarto do meu filho, uma relíquia de família. Um transformador de *laptop*, um casaco de veludo e vários calçados. Dois ou três livros, um bolo de aniversário e o conjunto de cadeiras da sala de jantar.

E ainda tem, é claro, aquela triste realidade para quem se aventura a criar um animal doméstico: ele faz cocô e xixi. E não sabe usar o banheiro.

Kledir Ramil. Disponível em: <http://blogdokledir.blogspot.com/search/label/Cr%C3%B4nicas>. Acesso em: 3 dez. 2018.

**a)** No quinto parágrafo dessa crônica, há três palavras destacadas que são formadas por prefixação. Quais são elas?

_____

**b)** Os prefixos que formam essas palavras têm sentido de quê?

_____

**c)** A palavra **bichinho** é formada pelo substantivo **bicho** mais o sufixo **-inho**. Nesse caso, o sufixo atribui ao substantivo a ideia de tamanho? Justifique sua resposta.

_____

_____

_____

**d)** Vale a mesma explicação para **biscoitinhos**?

_____

_____

_____

**e)** A palavra **orçamento** é formada por um verbo e um sufixo. Quais são eles?

_____

_____

**f)** O substantivo **comprimido** é um caso de derivação imprópria. Por quê?

_____

_____

**2.** Leia, a seguir, o título de uma das Crônicas de Nárnia.

> *O leão, a feiticeira e o guarda-roupa*

**a)** Nesse título, que palavra é formada por justaposição?

_____

**b)** Que palavra é formada pelo acréscimo de um sufixo e pela mudança da vogal temática? Dica: essa mudança foi feita para que a palavra ficasse no feminino. Se precisar, pesquise em um dicionário.

_____

_____

**3.** Um *site* de notícias sobre esportes tem uma seção chamada Vaivém.

**a)** Sobre o que pode tratar essa seção?

_____

_____

**b)** Qual é o processo de formação da palavra **vaivém**?

_____

_____

**4.** O trecho a seguir é a introdução de uma entrevista. Leia.

Adilson Paschoal pode se orgulhar de um feito para poucos: criou uma palavra de uso corrente na língua portuguesa. Toda vez que você fala ou ouve a expressão "agrotóxico", está reproduzindo um conceito criado por ele nos anos 1970 em oposição a defensivo agrícola. Inquieto, Adilson estudou agronomia na Esalq e fez PhD na área de ecologia e recursos naturais nos Estados Unidos, na época em que a revolução verde começava a estabelecer os padrões da agricultura industrial. Ele foi um dos pioneiros da agricultura orgânica e o criador da primeira disciplina de agroecologia do Brasil, que ministrou por três décadas. Para ele, agrotóxico entra como última opção, dentro do manejo integrado, que considera o controle cultural, biológico e genético.

Nelson Niero Neto e Vinicius Galera. Disponível em: <https://revistagloborural.globo.com/Noticias/Agricultura/noticia/2018/06/agrotoxico-deve-ser-ultima-opcao-no-controle-de-pragas-e-doencas.html>. Acesso em: 3 dez. 2018. (Fragmento).

**a)** Para formar a palavra **agrotóxico**, Adilson Paschoal reuniu um prefixo e um substantivo em uma só palavra. Quais são esses elementos e o que significam? Se precisar, consulte um dicionário.

_____

_____

**b)** Ao reunir essas duas palavras, qual foi o sentido criado nessa formação?

_____

_____

_____

**5.** Desafio: pesquise e explique por que na palavra **despertar** a partícula **des-** não tem significado de negação.

_____

_____

_____

## 2. POLISSEMIA

**Polissemia** é o conjunto de significados que uma mesma palavra pode apresentar. Observe, por exemplo, os diferentes significados da palavra *lençol*.

*Lençol*: **s.m.** [...] **1** cada uma das duas peças de tecido, ger. leve, que se põem na cama para forrar o colchão e cobrir o corpo **2** aquilo que, por sua grande extensão e aspecto relativamente liso, é comparável a um lençol <*l. de areia, de folhas secas*> **3** vasta extensão de água ou de fluido em geral, que se encontra na superfície do solo, sob a terra ou numa depressão **4 futb** lance em que o jogador encobre o adversário e recupera a bola a uma distância maior que a do *chapéu*. [...]

*Grande Dicionário Houaiss da Língua Portuguesa*. 2. ed.
Rio de Janeiro: Instituto Antônio Houaiss, 2018. (Fragmento).

**1.** Leia o texto a seguir. É um trecho inicial da biografia de Lázaro Ramos.

Quase me levantei da cadeira, como um touro preparado para dar uma chifrada. Biografia nem pensar! Isso é um mico, eu sou muito jovem para falar sobre minha vida. Sou uma exceção, e história de exceção só confirma a regra. Fazer mais um livro sobre o ponto de vista de uma exceção não ajuda em nada a questão da exclusão dos negros no Brasil. Meu Deus, como fazer um relato quase autobiográfico sem tornar o texto uma apologia a mim mesmo e a meus pares um pouco mais bem-sucedidos?

Só muito tempo depois surgiram os primeiros esboços deste livro. Afinal, por que não?

[...]

Esta viagem que começa aqui só é possível porque redescobri um mundo que é meu, mas que não pertence só a mim. Ele é parte de uma busca que todos nós devemos fazer para compreendermos quem somos. Por isso, sempre que eu falar de mim neste livro, estarei também falando sobre você. Ou, ao menos, sobre essa busca saudável por identidades.

Os momentos que soarem mais autobiográficos estão aqui apenas para servir de fio condutor da viagem que fiz para destrinchar esse tema. Se posso fazer alguma sugestão, aconselho que abra este livro não para encontrar minha biografia, mas para ouvir as vozes dos que estão ao meu lado. Estas páginas foram elaboradas por várias vozes. É uma narrativa capitaneada por mim, mas que conta com a contribuição de uma série de personagens — alguns famosos e muitos anônimos —, que se reúne aqui para construir um caudaloso fluxo de informações, sentimentos e reflexões. São pessoas de diferentes idades, profissões, gênero e religiões.

Lázaro Ramos. Disponível em: <https://g1.globo.com/pop-arte/noticia/leia-trecho-do-livro-na-minha-pele-de-lazaro-ramos.ghtml>. Acesso em: 6 dez. 2018.

**a)** O autor parece inicialmente empolgado com a ideia de escrever uma biografia? Por quê?

**b)** Por que, segundo ele, "Fazer mais um livro sobre o ponto de vista de uma exceção não ajuda em nada a questão da exclusão dos negros no Brasil."?

_____

_____

_____

_____

**c)** Um dos argumentos empregados pelo autor para justificar o fato de não querer fazer uma biografia é que seria um **mico**. Com que sentido ele empregou essa palavra?

_____

_____

**d)** Que outros sentidos essa palavra pode ter? Se precisar, pesquise no dicionário.

_____

_____

**e)** O autor emprega no texto a palavra **viagem**. Com que significado ele usa essa palavra?

_____

_____

**f)** A palavra **viagem** também pode fazer referência ao deslocamento de um ponto a outro mais distante. Que relação há entre esse significado e o que você identificou no item **e**?

_____

_____

_____

**2.** O trecho a seguir pertence a um romance. Leia-o.

"O pai a esperava na sala, vestido como se para um compromisso especial e, ao ver a menina colocar a mochila às costas, entregou-lhe a lancheira, dizendo, _Fiz sanduíche de queijo e suco de laranja._ Mas Renata demorou para pegá-la, espiando pela fresta da porta a mãe que, repentinamente, empalidecera, como se aguardasse apenas ficar a sós para desabar, e então ele emendou, _Não é o que você mais gosta?_, ao que a filha respondeu apenas, É.

Por um instante, permaneceram imóveis, flutuando cada um em seu alheamento, aferrados às suas sensações. De repente, ele enfiou a mão no bolso, retirou a carteira, pegou uma nota de dez reais e estendeu-a à filha, *Toma, compra um doce no recreio.* Surpresa, Renata apanhou o dinheiro, beijou o pai na face, a um só tempo despedindo-se e agradecendo pela dádiva; sempre fora difícil conseguir dele algum trocado, e eis que, inesperadamente, punha-lhe na mão uma quantia tão alta... Podia ser uma recompensa pelos cuidados que ela dispensava à mãe, ou um agrado para que o dia lhe fosse menos amargo, como se ele o soubesse que seria, mas Renata não pensou nem numa nem noutra hipótese, já que iam no pensamento a escola, as amigas e as lições que teria pela frente.

João Anzanello Carrascoza. *Dias raros*. São Paulo: SESI São Paulo, 2017. p. 21.

a) Relacione cada palavra destacada do texto com um dos significados a seguir, considerando o contexto em que essas palavras estão inseridas no texto.

- **Emendou:**
    ( ) I. Arrependeu-se.
    ( ) II. Acrescentou.

- **Flutuando:**
    ( ) I. Vacilando, hesitando.
    ( ) II. Boiando, sobrenadando.

- **Carteira:**
    ( ) I. Mesa escolar.
    ( ) II. Bolsa pequena.

- **Amargo:**
    ( ) I. Não doce, sem doce.
    ( ) II. Com amargura.

b) Agora, escreva uma frase com cada palavra, empregando-a com um significado diferente daquele em que ela é empregada no texto.

_____

_____

_____

_____

_____

_____

_____

_____

# OUTROS RECURSOS

# OUTROS RECURSOS

## A menina Joana

Aquela criaturinha que ali vai cantando é a menina Joana. Olhem só como ela caminha resoluta, como tem os passos largos… Seus pés descalços parecem duas pombas brancas que vão pulando por cima das pedras do caminho.

A manhã é de sol. A primavera chegou a semana passada. O perfume dos prados viaja montado no vento. Nos bosques há lobos ferozes, mas também existem lindas árvores floridas.

Joana caminha. Vai à casa de Hauviette, sua amiguinha, que mora perto da colina. Joana canta porque está contente da vida. A vida é boa. Papai e mamãe vivem em paz. Os irmãozinhos vão à escola de Maxey, aldeia que fica do outro lado do rio. A primavera encheu de rosas brancas e vermelhas o jardim lá de casa. As vacas engordam. Os porcos chapinham na lama e grunhem de satisfação. O burrinho peludo sacode as orelhas e zurra de alegria quando Joana lhe vai levar água e feno. Os vizinhos são bons. E os melhores vizinhos do mundo são os santos da igreja que fica perto da casa de Joana: para ver santa Catarina ou santa Margarida basta a gente atravessar o pequeno cemitério…

Sim, a vida é boa. Por isso Joana caminha cantando.

Já avista a casa de Hauviette, com o seu telhado de pedra e sua chaminé fumegando. Fumegando… Decerto já estão fazendo bolos para o almoço.

Joana agora para à beira do rio. Este é o Mosa. Um rio muito comprido que vem de terras distantes e vai para terras distantes.

Joana olha a água clara. Pode enxergar os peixes que passam no fundo. O Mosa é um rio bonito. Joana lhe quer um bem muito grande porque quando ela era pequenina ouvia sempre de seu berço o marulho macio das águas, que era uma música de nina-nana. Depois ela cresceu vendo todos os dias o rio amigo. No inverno — engraçado! — o rio crescia, mas ficava triste porque espelhava céus cinzentos cheios de nuvens de chuva. Mas quando vinha a primavera o Mosa tornava a ficar alegre, as suas águas eram azuis como o céu e se enfeitavam de pingos dourados de sol. Brotavam jardins nas margens. Jardins como o que agora Joana está vendo.

Que lindo! Os salgueiros se inclinam para a água. Parecem mulheres de cabelos verdes se olhando no espelho do rio. Os olmos estão perfilados e o vento sacode a sua folhagem rendilhada. Os juncos das margens parecem a cabeleira eriçada do sacristão da igreja. Há uma quantidade enorme de plantas aquáticas que Joana não sabe como se chamam. Papai lhe disse o nome de muitas, mas ela esqueceu…

ROBSON ARAUJO

 **Glossário**

**Resoluta:** firme, decidida.

**Rendilhada:** semelhante a rendilhas (rendas delicadas).

**Eriçada:** arrepiada.

Joana respira forte. Ajoelha-se à beira do rio, molha os dedos n'água e depois encosta-os na testa. Como está fresca a água do rio!

Lá no fundo passam peixes esverdeados. Joana sabe que são trutas. Papai Jacques às vezes vai pescar; no jantar servem truta frita. Joana tem muita pena dos peixes. Não deviam tirar os coitadinhos de dentro d'água... Todos os bichos — os peixes, os veados, os porcos, as vacas, as pombas e os burrinhos — são filhos de Deus. Um pai gosta de ver os filhos maltratados? Não gosta. Logo: Deus não pode gostar de ver os peixes irem para a panela de mamãe Isabel. A última vez que viu uma truta no prato, Joana não quis comer. De pena, de pura pena.

Joana se levanta e continua a andar. A estradinha que leva até a casa de Hauviette se mete moitas adentro, brincando de esconde-esconde. Os passarinhos cantam nas árvores. E Joana tem a impressão de que todas as andorinhas, todos os pardais e todos os rouxinóis a conhecem de vista. Quando eles cantam as suas cantigas que os homens não entendem, Joana julga saber o que os passarinhos dizem. Agora eles estão perguntando: "Joana, aonde vais?", E ela, sorrindo, responde assim: "Vou ver a minha amiguinha Hauviette. Gosto muito dela. Não temos a mesma idade, não, senhores! Eu tenho nove anos e ela, cinco. Mas não faz mal... Hauviette é muito boazinha e eu gosto dela!".

Joana segue o seu caminho, sempre pela beira do rio. Lá na outra margem está a aldeia de Maxey. A gente daqui enxerga os seus telhados vermelhos, os seus moinhos com as grandes pás rodopiando ao vento da manhã.

Joana torna a parar para pensar numa coisa muito triste. A aldeiazinha de Maxey faz com que ela se lembre dos irmãos. Jacquemin mora longe, em Sermaize, com tio Henrique, cura da paróquia. Mas João e Pedrinho frequentam a escola de Maxey e quase sempre voltam com as roupas esfarrapadas, porque brigam com os outros rapazes da aldeia vizinha. Brincam de guerra. Atiram-se pedras, atracam-se a socos.

O rosto de Joana fica sombrio ao pensar nessas coisas. Papai já explicou tudo. Os habitantes de Maxey são partidários dos borgonheses, isto é: são do lado do duque de Borgonha. Os de Domrémy, onde Joana mora com sua gente, são do lado dos armagnacs.

Joana não chega a compreender bem essas lutas dos grandes. Sabe que são dois partidos compostos de homens ferozes que vivem sempre em guerras. E os meninos — maluquinhos! — discutem e lutam também. Não há roupa nem calçado que chegue para João e Pedrinho. Mamãe se queixa muito. Papai já prometeu uma surra a cada um se eles continuam a brigar...

ROBSON ARAUJO

Joana vai pensando que a sua querida aldeia de Domrémy, cujo chão ela agora pisa com tanto amor, podia ser um paraíso se não fossem as guerras. A vida vai correndo muito bem, mas de repente se ouve um barulho, uma gritaria, um tinido de ferros e fica alarmada... Os bichos começam a gritar nos quintais, os burros zurram, as vacas mugem, os galos fazem um co-coricó assustado... As pessoas saem pálidas de suas casas para ver o que aconteceu. Saem e encontram homens de armas, com couraças rebrilhantes, capacetes de aço, lanças, espadas, escudos... E são homens brutos, dizem palavrões feios, comem muito, bebem canecões enormes de vinho e não pagam nada. Depois vão embora levando o gado pela frente, o gado que roubaram aos pobres camponeses de Domrémy! E ainda todos dão graças a Deus quando os brutos não atravessam com suas lanças pontudas o corpo de algum habitante da aldeia.

Joana tem certeza de que Deus não pode gostar dessas brutalidades. E todas as noites ela reza as orações que mamãe Isabel lhe ensinou. O *Pai-Nosso*, a *Salve-Rainha*, o *Credo*... Reza e pede a Deus que dê juízo e bom coração aos homens. Aos armagnacs, aos borgonheses, a todos, todos...

[...]

Erico Verissimo. *A vida de Joana d'Arc*.
São Paulo: Cia. das Letras, 2011. p. 15-19. (Fragmento).

ROBSON ARAUJO

1. **O texto narra as desavenças entre pessoas de duas aldeias distintas, do ponto de vista de uma menina de nove anos. Para mostrar os fatos pelo olhar da garota, a história é contada:**

( ) **a)** em 1ª pessoa, pela menina Joana.

( ) **b)** em 1ª pessoa, por Hauviette, amiga de Joana.

( ) **c)** em 3ª pessoa, por um narrador que apenas observa os fatos.

( ) **d)** em 3ª pessoa, por um narrador onisciente, isto é, que sabe tudo, inclusive o que a personagem pensa.

2. **Os pensamentos e as opiniões de Joana são apresentados por meio do discurso indireto livre. Nele, os pensamentos da personagem misturam-se à fala do narrador. Leia.**

"[...] Joana canta porque está contente da vida. A vida é boa. Papai e mamãe vivem em paz. Os irmãozinhos vão à escola de Maxey, aldeia que fica do outro lado do rio. A primavera encheu de rosas brancas e vermelhas o jardim lá de casa. [...]"

**a)** Que mudança na narração denuncia que os pensamentos da personagem invadem a fala do narrador? Copie trechos que justifiquem sua resposta.

_____

_____

_____

**b)** Transcreva outros trechos do texto em que se observa o uso do discurso indireto livre.

_____

_____

_____

_____

**3.** Em textos narrativos, o tempo verbal predominante é o pretérito.

**a)** Isso ocorre no texto que você acabou de ler? Transcreva um trecho que comprove sua resposta.

_____

_____

_____

_____

**b)** Que efeito de sentido é provocado pelo uso desse tempo verbal na narrativa?

_____

_____

_____

**4.** As características de uma personagem podem ser apresentadas não só por meio de expressões adjetivas, mas também pela narração de suas ações, seus gestos, modos de falar e agir, etc. Releia o primeiro parágrafo, em que a personagem Joana é apresentada ao leitor.

> "Aquela criaturinha que ali vai cantando é a menina Joana. Olhem só como ela caminha resoluta, como tem os passos largos... Seus pés descalços parecem duas pombas brancas que vão pulando por cima das pedras do caminho."

**a)** Pelas ações narradas no trecho acima, pode-se inferir que Joana está:

( )   I. Triste e resignada.

( )  II. Alegre e confiante.

( ) III. Cansada e apática.

( )  IV. Tímida e desconfiada.

**b)** Transcreva trechos do primeiro parágrafo que justifiquem sua resposta ao item anterior.

_____

_____

**5.** As figuras de linguagem são recursos que enriquecem as descrições das personagens e do ambiente. No primeiro parágrafo, por exemplo, é feita uma comparação.

**a)** Identifique essa comparação.

_____

_____

_____

**b)** Quais características da menina Joana são destacadas por meio dessa comparação?

_____

_____

_____

_____

_____

**6.** Além da comparação, outras figuras de linguagem são exploradas no texto. Releia este fragmento para responder às questões seguintes.

> "A manhã é de sol. A primavera chegou a semana passada. O perfume dos prados viaja montado no vento. Nos bosques há lobos ferozes, mas também existem lindas árvores floridas."

**a)** Em "A primavera chegou a semana passada", observa-se o uso da personificação, recurso em que se atribui a um ser inanimado características ou ações humanas. Em que outro trecho desse fragmento essa mesma figura de linguagem está presente?

_____

_____

**b)** A antítese consiste na aproximação de ideias opostas. Identifique a oposição em "Nos bosques há lobos ferozes, mas também existem lindas árvores floridas".

_____

_____

**7.** Identifique a figura de linguagem utilizada em cada trecho abaixo.

**a)** "A primavera encheu de rosas brancas e vermelhas o jardim lá de casa."

_____

**b)** "A estradinha que leva até a casa de Hauviette se mete moitas adentro, brincando de esconde-esconde."

_____

**c)** "[...] suas águas eram azuis como o céu."

_____

**d)** "Os salgueiros se inclinam para a água."

_____

**e)** "Parecem mulheres de cabelos verdes se olhando no espelho do rio."

_____

**f)** "Os juncos das margens parecem a cabeleira eriçada do sacristão da igreja."

_____

**8.** Releia.

> "Joana olha a água clara. Pode enxergar os peixes que passam no fundo. O Mosa é um rio bonito. Joana lhe quer um bem muito grande porque quando ela era pequenina ouvia sempre de seu berço o marulho macio das águas, que era uma música de nina-nana. Depois ela cresceu vendo todos os dias o rio amigo. [...]"

ROBSON ARAUJO

**a)** Como é a relação da menina com os elementos naturais que compõem o cenário? Justifique sua resposta com trechos do fragmento acima.

_____

_____

_____

**b)** Cite outras passagens da narrativa em que se observa essa relação da menina com a natureza.

_____

_____

_____

**c)** O uso da personificação reforça essa relação? Explique.

_____

_____

_____

**9.** Em "[...] ouvia sempre de seu berço o marulho macio das águas", há outro recurso de linguagem — a sinestesia —, que consiste em mesclar diferentes sensações percebidas pelos órgãos dos sentidos.

**a)** Identifique os órgãos dos sentidos sugeridos no trecho destacado.

_____

**b)** Como o uso desse recurso contribui para enriquecer a descrição?

_____

_____

_____

**c)** Assinale a alternativa em que há outro exemplo de sinestesia.

( )   I. Ouvia o galo cantar pela manhã.

( )  II. Sentiu um arrepio ao ver aquele vulto no bosque.

( ) III. Um aroma doce e quente emanava do bolo que mamãe acabara de assar.

( )  IV. O ar daquela gruta cheirava a enxofre.

**10.** Em certo momento da narrativa, há uma mudança no estado de espírito da personagem. Que mudança é essa? O que a provoca?

_____

_____

**11.** Releia.

> "[...] A vida vai correndo muito bem, mas de repente se ouve um barulho, uma gritaria, um tinido de ferros e fica alarmada... Os bichos começam a gritar nos quintais, os burros zurram, as vacas mugem, os galos fazem um cocoricó assustado... As pessoas saem pálidas de suas casas para ver o que aconteceu. Saem e encontram homens de armas, com couraças rebrilhantes, capacetes de aço, lanças, espadas, escudos... [...]"

- A mudança no estado de espírito da personagem reflete-se no ambiente em que se passa a história? Justifique sua resposta com exemplos extraídos do fragmento acima.

_____

_____

_____

_____

**12.** Pode-se dizer que essa narrativa é dividida em dois momentos: paz e guerra. Um recurso usado para contrastá-los é a seleção lexical (escolha de vocabulário). Retire do texto palavras e/ou expressões que retratam esses dois momentos distintos.

_____

_____

_____

► Leia a seguir o trecho de uma reportagem.

— □ ×

### Emissões globais de $CO_2$ crescem e batem novo recorde

**O dióxido de carbono procedente dos combustíveis e da indústria aumentou 2,7% este ano**

Foi uma ilusão. Poucos anos atrás, alguns pensaram que o mundo havia finalmente conseguido desvincular o crescimento econômico das emissões de dióxido de carbono ($CO_2$), o principal gás do efeito estufa. Durante três anos, entre 2014 e 2016, as emissões globais procedentes dos combustíveis fósseis e da indústria (que representam 90% do dióxido de carbono emitido pelas atividades humanas) estancaram, enquanto o PIB mundial crescia. Aquela tendência, contudo, não se consolidou. E em 2017 as emissões voltaram a aumentar 1,6%. As projeções divulgadas nesta quarta-feira pelos pesquisadores do Global Carbon Project parecem confirmar que a ilusão chegou ao fim: as emissões de $CO_2$ crescerão cerca de 2,7% este ano, atingindo 37,1 gigatoneladas — um recorde na história da humanidade.

Por que houve esse aumento? "Porque a economia global está crescendo bem, e de uma forma muito coordenada entre os blocos econômicos mais importantes do mundo: Estados Unidos, Europa, Japão, China...", diz Pep Canandell, diretor do Global Carbon Project, um grupo de pesquisadores que anualmente publica as projeções de emissões coincidindo com as cúpulas do clima, como a COP24, que está sendo realizada em Katowice (Polônia). "Infelizmente, a capacidade das energias renováveis instaladas não é grande o bastante para cobrir o crescimento da demanda global de energia. Portanto, usinas de carvão que vinham funcionando abaixo de sua capacidade (a maioria na China) aumentaram sua produção", diz o especialista.

Atualmente, o aumento ou a redução das emissões anuais está nas mãos de quatro potências, que acumulam quase 60% do $CO_2$ do planeta: China, EUA, União Europeia (UE) e Índia. E em todas elas, salvo na UE, estão previstos fortes incrementos em 2018.

A China é a principal emissora do mundo desde a década passada, com 28% do total de dióxido de carbono do planeta. As projeções para 2018 indicam que suas emissões aumentarão 4,7%. Os EUA, em segundo lugar na lista, registrarão um aumento de 2,5%. Já na UE a previsão é que haja uma diminuição de 0,7%. Na Índia, a última grande potência emissora desse grupo de quatro grandes economias, estima-se um aumento de 6,3% neste ano.

[...]

### Carvão em alta novamente

Um dos dados que mais chamaram a atenção dos pesquisadores é o aumento das emissões do carvão. O uso desse combustível fóssil, o mais poluidor, atingiu o ápice em 2013 e vinha sofrendo uma queda contínua desde então. Mas em 2017 e 2018 houve uma retomada. "Essa mudança é um dos principais motivos para o aumento das emissões em 2018", dizem os pesquisadores do Global Carbon Project. O uso foi maior na China e na Índia. Nos EUA, apesar das declarações de Donald Trump em defesa do carvão, sua utilização caiu. Mais de 250 usinas térmicas foram fechadas desde 2010.

Outro dado de destaque é o crescimento contínuo do uso do petróleo (e de suas emissões). "Desde 2012, o consumo de petróleo cresceu 1% ao ano", dizem os cientistas. Segundo eles, é "surpreendente" o caso dos EUA e da UE, onde o emprego do petróleo aumentou apesar da melhora na eficiência dos motores. "O número de veículos elétricos duplicou entre 2016 e 2018, chegando a quatro milhões. Mas eles ainda são apenas uma pequena parcela da frota mundial", advertem.

### Um pouco de otimismo

Apesar dos dados ruins, Canandell destaca alguns aspectos que ensejam certo otimismo. Por um lado, ele lembra que "as emissões do carvão ainda são mais baixas do que as registradas em seu ápice, em 2013". "Embora não saibamos o que acontecerá com a China nos próximos anos, a queda das emissões de carvão na Europa, EUA, Japão e Austrália é imparável", afirma. Em segundo lugar, Canandell diz que "a capacidade instalada de energia renovável no mundo dobra a cada quatro anos, algo sem dúvida extraordinário".

Talvez, além do aumento em 2018, um dos principais problemas agora é que não se vislumbra um teto para as emissões. "Ninguém sabe quando poderá ser alcançado [o limite]", diz o diretor do Global Carbon Project, mas isso dependerá da "vontade das nações". "É razoável pensar que talvez ainda precisemos de outra década para que as energias renováveis alcancem um volume suficiente para competir com os combustíveis fósseis", completa.

[...]

Manuel Planelles. Disponível em: <https://brasil.elpais.com/brasil/2018/12/05/internacional/1544012893_919349.html>. Acesso em: 6 dez. 2018.

**1.** O texto é aparentemente iniciado por uma frase incompleta. A que se refere a frase "Foi uma ilusão"?

_____

_____

_____

**2.** Copie do parágrafo em que aparece essa oração a frase que retoma o fracasso dessa iniciativa.

_____

3. Entre os itens a seguir, qual deles resume melhor a principal informação do primeiro parágrafo?

( ) "as emissões globais procedentes dos combustíveis fósseis e da indústria (que representam 90% do dióxido de carbono emitido pelas atividades humanas".

( ) "as emissões de $CO_2$ crescerão cerca de 2,7% este ano, atingindo 37,1 gigato-neladas — um recorde na história da humanidade".

( ) "alguns pensaram que o mundo havia finalmente conseguido desvincular o crescimento econômico das emissões de dióxido de carbono ($CO_2$)".

4. Qual a relação entre essa informação e o segundo parágrafo?

5. Qual a relação entre os dois parágrafos seguintes e esses dois primeiros?

6. Ao longo do texto, são reproduzidas as falas de vários especialistas. Como elas são destacadas?

7. Que verbos são empregados para indicar quem é o responsável por cada uma das falas?

8. A opinião de um especialista é apresentada sem o uso de aspas. Que expressão é empregada para destacar essa opinião?

9. Qual a diferença entre as falas apresentadas entre aspas e a fala apresentada sem o uso delas?

► Leia a seguir o trecho de uma reportagem.

### Não nascemos prontos...

O sempre surpreendente Guimarães Rosa dizia: "O animal satisfeito dorme". Por trás dessa aparente obviedade está um dos mais profundos alertas contra o risco de cairmos na monotonia existencial, na redundância afetiva e na indigência intelectual. O que o escritor tão bem percebeu é que a condição humana perde substância e energia vital toda vez que se sente plenamente confortável com a maneira como as coisas já estão, rendendo-se à sedução do repouso e imobilizando-se na acomodação.

A advertência é preciosa: não esquecer que a satisfação conclui, encerra, termina; a satisfação não deixa margem para a continuidade, para o prosseguimento, para a persistência, para o desdobramento. A satisfação acalma, limita, amortece.

Por isso, quando alguém diz "Fiquei muito satisfeito com você" ou "Estou muito satisfeita com seu trabalho", é assustador. O que se quer dizer com isso? Que nada mais de mim se deseja? Que o ponto atual é meu limite e, portanto, minha possibilidade? Que de mim nada mais além se pode esperar? Que está bom como está? Assim seria apavorante; passaria a ideia de que desse jeito já basta. Ora, o agradável é alguém dizer "seu trabalho (ou carinho, ou comida, ou aula, ou texto, ou música etc.) é bom, fiquei muito insatisfeito e, portanto, quero mais, quero continuar, quero conhecer outras coisas".

Um bom filme não é exatamente aquele que, quando termina, nos deixa insatisfeitos, parados, olhando, quietos, para a tela, enquanto passam os letreiros, desejando que não cesse? Um bom livro não é aquele que, quando encerramos a leitura, permanece um pouco apoiado no colo e nos deixa absortos e distantes, pensando que não poderia terminar? Uma boa festa, um bom jogo, um bom passeio, uma boa cerimônia não é aquela que queremos que se prolongue?

Com a vida de cada um e de cada uma também tem de ser assim; afinal de contas, não nascemos prontos e acabados. Ainda bem, pois estar satisfeito consigo mesmo é considerar-se terminado e constrangido ao possível da condição do momento.

Quando crianças (só as crianças?), muitas vezes, diante da tensão provocada por algum desafio que exigia esforço (estudar, treinar, emagrecer etc.), ficávamos preocupados e irritados, sonhando e pensando: Por que a gente já não nasce pronto, sabendo todas as coisas? Bela e ingênua perspectiva. É fundamental não nascermos sabendo nem prontos; o ser que nasce sabendo não terá novidades, só reiterações. Somos seres de insatisfação e precisamos ter nisso alguma dose de ambição; todavia, ambição é diferente de ganância, dado que o ambicioso quer mais e melhor, enquanto o ganancioso quer só para si próprio.

Nascer sabendo é uma limitação porque obriga a apenas repetir e, nunca, a criar, inovar, refazer, modificar. Quanto mais se nasce pronto, mais se é refém do que já se sabe e, portanto, do passado; aprender sempre é o que mais impede que nos tornemos prisioneiros de situações que, por serem inéditas, não saberíamos enfrentar.

Diante dessa realidade, é absurdo acreditar na ideia de que uma pessoa, quanto mais vive, mais velha fica; para que alguém quanto mais vivesse, mais velho ficasse, teria de ter nascido pronto e ir se gastando...

Isso não ocorre com gente, mas com fogão, sapato, geladeira. Gente não nasce pronta e vai se gastando; gente nasce não-pronta e vai se fazendo. Eu [...] sou a minha mais nova edição (revista e, às vezes, um pouco ampliada); o mais velho de mim (se é o tempo a medida) está no meu passado, não no presente.

Demora um pouco para entender tudo isso; aliás, como falou o mesmo Guimarães, "não convém fazer escândalo de começo; só aos poucos é que o escuro é claro"...

Mario Sergio Cortella. Disponível em: <https://www1.folha.uol.com.br/fsp/equilibrio/eq2809200027.htm>. Acesso em: 10 dez. 2018.

1. O autor apresenta no primeiro parágrafo uma frase de Guimarães Rosa para apresentar a principal ideia que defende no texto.

   a) Que frase ele apresenta?

2. Qual é a ideia defendida por Mario Sérgio Cortella?

3. Qual a relação entre essa ideia e a frase de Guimarães Rosa?

4. A que advertência o autor se refere no início do segundo parágrafo?

5. Com que objetivo o autor teria feito essa referência?

6. O terceiro parágrafo é iniciado pela expressão "Por isso". A que o pronome isso se refere?

**7.** O autor passa então a fazer uma série de perguntas. Com que objetivo ele as apresenta?

_____

_____

_____

**8.** No quarto parágrafo, o autor continua a fazer uma série de questões, mas elas têm um objetivo diferente. Que objetivo seria esse?

_____

_____

_____

_____

**9.** No quinto parágrafo, o autor afirma "Com a vida de cada um e de cada uma também tem de ser _assim_". A que o advérbio assim se refere?

_____

_____

_____

_____

_____

**10.** No sétimo parágrafo, o autor resgata um comportamento comum à infância e também muitas vezes à vida adulta: desejar nascer sabendo. Por que, segundo ele, isso não seria bom para as pessoas?

_____

**11.** Que recurso ele emprega para retomar essa ideia no parágrafo seguinte?

_____

_____

**12.** Explique com suas palavras a que realidade o autor se refere no início do nono parágrafo.

_____

_____

_____

**13.** E o pronome isso, no parágrafo seguinte, que ideia retoma?

_____

**14.** Para concluir o texto, o autor usa um recurso empregado no início de seu artigo: citar trechos de obras de Guimarães Rosa, um autor conhecido por sua prosa poética. Por que Mario Sergio Cortella teria repetido esse recurso?

_____

_____

_____

_____

_____

**15.** Sob orientação do professor, converse com seus colegas sobre as ideias apresentadas no texto. Em seguida, escreva três parágrafos sobre o que achou dessas ideias: você concordou com o autor? Discordou? Por quê? Importante: procure fazer com que fique claro para o leitor que um parágrafo é continuação do outro, empregando expressões ou retomando ideias, como feito no texto que você leu.

_____

_____

_____

_____

_____

_____

_____

_____

_____

_____

_____

_____

# Cinema mudo

O cinema representava o ponto alto da nossa programação semanal. Próximo à nossa casa, único do bairro, o "Cinema América" oferecia todas as quintas-feiras uma "*soirée* das moças", cobrando às senhoras e senhoritas apenas meia-entrada. Era nessas noites que mamãe ia sempre, levando consigo as três filhas: Wanda, Vera e eu, e também Maria Negra, que a bem dizer era quem mais ia, adorando filmes e artistas, não abrindo mão de seu cinema por nada do mundo. Muitas vezes, em noites de chuva, quando a patroa desistia de sair com as crianças, chegava mesmo a ir sozinha. Os meninos não perdiam as matinês aos domingos. Papai não se interessava por cinema, preferia o teatro, as óperas e operetas.

O conjunto musical que acompanhava a exibição dos filmes compunha-se de três figuras: piano, violino e flauta. Ano entra, ano sai, o repertório dos músicos era sempre o mesmo. Os primeiros acordes do piano, do violino ou da flauta anunciavam ao público o gênero da fita a começar. Ninguém se enganava. As sessões eram iniciadas com um documentário ou o "natural", como era chamado por todos, que mostrava os acontecimentos relevantes da semana. Nós, crianças, detestávamos o tal "natural", e quando terminava, gritávamos em coro, numa só voz, num imenso suspiro de alívio: "Graças a Deus!" Em geral, logo em seguida vinha a fita cômica. Morríamos de rir com os pastelões voando à procura do alvo, sempre acertando na cara do desprevenido. Os filmes de Carlitos fascinavam a meninada; torcíamos por ele quando, dono de artimanhas incríveis, derrotava seu rival, o imenso vilão. O frágil homenzinho de chapéu-coco e bengala acabava sempre por levar a melhor, conquistando as graças de sua formosa e a admiração das plateias. Aplaudíamos suas vitórias batendo palmas ensurdecedoras e gritando a plenos pulmões: "aí, Carlitos!", suspirando de pena ao ver escrita na tela a palavra Fim (a primeira palavra, por sinal, que aprendi a ler).

Chico Boia, com toda a sua gordura, fazia misérias, era a glória! Harry Langdon, o meigo cômico, conseguia arrancar gargalhadas da plateia e me transportar em suas asas de ternura.

Carmela Cica, a violinista do conjunto, era nossa vizinha, morava na esquina da Consolação com Alameda Santos. Éramos não apenas vizinhos mas muito amigos da família. À Carmela cabia dar os primeiros acordes para o início dos filmes em série. Seu violino gemia na valsa "A Rapaziada do Brás". Valsa melancólica, pungente, dilacerante. Em seguida aparecia na tela o título do filme. A quantos seriados assisti? Nem sei, perdi a conta. Lembro-me de vários, interpretados por Elmo Lincoln, Maciste, Eddie Polo, e outros igualmente famosos. Recordo-me de "Pearl Assenta Praça", com a maravilhosa Pearl White (a preferida de mamãe). Por fim, "O Braço Amarelo" — história de Júlio Baín e do detetive Vu-Fang, interpretado, se não me engano, por Sessue Hayakawa. Quando aparecia o rosto asiático do detetive na tela, olhos quase fechados, o cinema vinha abaixo: gritos histéricos e batidas de pés abafavam o som da valsa.

Vidrada no personagem oriental, Wanda chegou a batizar minha bonequinha de porcelana japonesa com o nome de Júlia Fang. Nome do pai? Vu-Fang, ora! Ambos tinham olhos puxados, não tinham? Então!

Acompanhávamos os seriados durante meses a fio, um pedacinho por semana, parando sempre na hora do maior suspense, é claro. As luzes se acendiam, os comentários no intervalo, enquanto todo mundo se ajeitava e se refazia da emoção sofrida, eram sempre os mesmos: "Vamos ver como vão se safar dessa!..." Eu me levantava

**Glossário**

**Soirée:** reunião social, sessão de cinema ou teatro que ocorre em geral à noite.

**Matinês:** espetáculos, sessões de cinema que ocorrem durante o dia, sobretudo na parte da tarde.

para rápida e movimentada escapulida: a torneira da pia quase sempre entupida, do malcheiroso toalete, era nesse momento disputadíssima pelas crianças na ânsia de tomar água. Eu me acotovelava entre elas e, mesmo que não chegasse a matar minha inventada sede, pelo menos molhava o vestido. Dava pontapés e empurrões nas portas das privadas, sempre ocupadas, mesmo não tendo necessidade de lá entrar. Tudo valia como divertimento. Corria para a frente, junto aos músicos, e puxava um dedinho de prosa com Carmela Cica antes de voltar para o meu lugar. Puro exibicionismo. Gostava que todos soubessem da minha intimidade com a violinista.

Refeitos das emoções e suspenses do seriado, partíamos para as "fitas de mocinho". Tom Mix, o bonitão, valente como ele só, enfrentando centenas de índios, recuperando tesouros roubados das diligências [...]. Terminava sempre recebendo um doce beijinho de sua namorada, que o esperava montada de lado num belo cavalo ou sentada na porteira do rancho. O cinema, repleto de crianças, chegava a tremer durante todo o tempo em que o bangue-bangue permanecia na tela.

Eu não era das mais amarradas em fitas de *cowboys*. Ia muito pela opinião de minhas irmãs, pouco entusiastas de Tom Mix. Elas preferiam William S. Hart, o *cowboy* de olhos azuis, herói dos *westerns* [...]. Admirava Maciste, quase o temia ("Maciste, o Poderoso"), o homem mais forte do mundo...

ROBSON ARAUJO

Mesmo à noite, quando a frequência de garotas era menor no cinema, na hora dos *westerns* o barulho tornava-se ensurdecedor. Ninguém ouvia mais nada: nem violino, nem piano, nem flauta. Apenas assobios e gritaria. Eu cheguei a aconselhar à Carmela que parasse de tocar durante os filmes cômicos e nos outros dois da preferência das crianças: bangue-bangue e seriado, pois ninguém ouvia patavina da música. Até mamãe, que costumava ler os letreiros em voz alta para uma pequena audiência que a circundava, fazia uma pausa, economizava a goela. Impossível, nesses momentos, se entender fosse lá o que fosse. Esperava o intervalo para explicar a sequência do enredo às interessadas: dona Ursuriéla e suas filhas Ripalda e Joana (que jamais haviam frequentado uma sala de aula) e a outras nas mesmas condições que as "Ursuriélas" — como eram chamadas pelas costas, por Wanda. Somente assim elas podiam ficar a par das coisas, graças à solicitude da boa dona Angelina. Na verdade, para mamãe, o fato de ler em voz alta no cinema não representava nenhum trabalho, nenhum ato de bondade, apenas sentia prazer nisso. Acostumara-se de tal forma a fazê-lo que muitos anos mais tarde, em plateias mais letradas, era preciso cutucá-la mil vezes para que não incomodasse os vizinhos com suas leituras.

O barulho diminuía sensivelmente, chegando quase ao silêncio, durante o desenrolar dos filmes românticos, dos dramas de amor, o último da sessão, quando, exaustas, as crianças adormeciam. As mulheres ajeitavam-se nas duras e incômodas cadeiras de pau: por fim, era chegada sua hora de chorar.

A sala de projeção ainda clara, eu era transferida para os braços de Maria Negra, sentada algumas carreiras mais à frente, junto à Wanda, que lhe lia os letreiros. Todos os esforços feitos para ensinar Maria Negra a ler haviam sido inúteis até então. Seu orgulho era maior que tudo. E se não aprendesse? Não queria dar parte de burra, dar demonstração de inferioridade.

Eu mal assistia ao começo do drama, meus olhos pesavam, recusando-se a abrir. Mas não perdia muito, pois em casa ouvia mamãe repetir a fita, detalhe por detalhe, às pessoas que não tinham podido ir ao cinema e que a procuravam depois. Isso acontecia sempre.

[...]

Zélia Gattai. *Anarquistas, graças a Deus.*
31. ed. Rio de Janeiro: Record, 2000. p. 65-70. (Fragmento).

🔍 **Glossário**

**Solicitude:**
amabilidade, consideração, gentileza.

1. Qual é o título do texto? Relacione-o com a história que você leu.

_____

_____

_____

_____

_____

2. Considere os trechos a seguir e faça o que se pede.

I. "[....] o 'Cinema América' oferecia todas as quintas-feiras uma 'soirée das moças' [...]. Era nessas noites que mamãe ia sempre, levando consigo as três filhas: Wanda, Vera e eu, e também Maria Negra, que a bem dizer era quem mais ia, adorando filmes e artistas, não abrindo mão de seu cinema por nada do mundo. Muitas vezes, em noites de chuva, quando a patroa desistia de sair com as crianças, chegava mesmo a ir sozinha. Os meninos não perdiam as matinês aos domingos."

II. "Acompanhávamos os seriados durante meses a fio, um pedacinho por semana, parando sempre na hora do maior suspense, é claro."

III. "Mesmo à noite, quando a frequência de garotas era menor no cinema, na hora dos _westerns_ o barulho tornava-se ensurdecedor."

IV. "Acostumara-se de tal forma a fazê-lo que muitos anos mais tarde, em plateias mais letradas, era preciso cutucá-la mil vezes para que não incomodasse os vizinhos com suas leituras."

a) Transcreva as expressões que indicam o tempo.

_____

_____

_____

b) O tempo é definido ou indefinido? Justifique sua resposta.

_____

_____

_____

_____

c) Com base nos trechos, qual é o tempo verbal e o modo verbal mais utilizados no texto?

_____

_____

**d)** Transcreva de cada trecho uma forma verbal que esteja no tempo verbal que você indicou na sua resposta à questão acima.

_____

_____

_____

**3.** Releia o segundo parágrafo do texto. Depois responda às questões.

**a)** Quais eram as "três figuras" a que se refere a autora? E o que compunham?

_____

_____

**b)** O conjunto musical tocava antes ou depois da exibição dos filmes? Justifique sua resposta com um trecho do texto.

_____

_____

_____

**4.** Releia.

> I. "Seu violino gemia na valsa 'A Rapaziada do Brás'. Valsa melancólica, pungente, dilacerante."

> II. "Ano entra, ano sai, o repertório dos músicos era sempre o mesmo."

**a)** As alternativas a seguir apresentam sinônimos das palavras destacadas no trecho I. Escolha a alternativa mais adequada ao contexto e assinale-a.

( ) lenta, chorosa, torturante

( ) macambúzia, comovente, cortante

( ) sombria, amarga, dolorida

( ) tristonha, penetrante, angustiante

( ) leve, emocionante, dolorida

**b)** No trecho II, a repetição e a monotonia são enfatizados no texto por meio de alguns termos e expressões. Quais são?

_____

_____

ROBSON ARAUJO

**5.** Leia novamente o trecho a seguir.

> "Carmela Cica, a violinista do conjunto, era nossa vizinha, morava na esquina da Consolação com Alameda Santos. Éramos não apenas vizinhos mas muito amigos da família. À Carmela cabia dar os primeiros acordes para o início dos filmes em série."

**a)** O trecho refere-se a qual personagem?

_____

**b)** A autora tinha uma relação próxima ou distante com essa personagem? Por quê?

_____

_____

**c)** Encontre outro trecho que mostra a proximidade entre Carmela e a autora.

_____

_____

_____

**6.** Leia estes trechos e observe como a autora fez uso da linguagem e dos recursos linguísticos para produzir os efeitos de sentido.

I. "Aplaudíamos suas vitórias batendo palmas ensurdecedoras e gritando a plenos pulmões: 'aí, Carlitos!' [...]".

II. "Chico Boia, com toda a sua gordura, fazia misérias, era a glória!"

III. "[...] Wanda chegou a batizar minha bonequinha de porcelana japonesa com o nome de Júlia Fang. Nome do pai? Vu-Fang, ora! Ambos tinham olhos puxados, não tinham? Então!"

IV. "Eu não era das mais amarradas em fitas de _cowboys_. Ia muito pela opinião de minhas irmãs, pouco entusiastas de Tom Mix."

V. "[...] na hora dos _westerns_ o barulho tornava-se ensurdecedor. [...] ninguém ouvia patavina da música."

VI. "Até mamãe, que costumava ler os letreiros em voz alta para uma pequena audiência que a circundava, fazia uma pausa, economizava a goela."

ROBSON ARAUJO

- Assinale quais são as alternativas corretas. Em seguida, faça a correção necessária na alternativa **incorreta**.

( ) **a)** Em I, a hipérbole "gritando a plenos pulmões" e o adjetivo "ensurdecedoras" enfatizam o entusiasmo da meninada nos filmes de Carlitos.

( ) **b)** Em II, expressões como "fazia misérias" e "era a glória!" indicam que, no relato, foi utilizada uma linguagem informal.

( ) **c)** Em III, os termos "ora!" e "então!" e a pontuação utilizada não ajudam a dar informalidade ao texto nem aproximam a autora do leitor.

( ) **d)** Em IV e V, as palavras "amarradas" e "patavina" são termos informais que foram criados faz tempo, mas ainda hoje são utilizados.

( ) **e)** Em VI, a expressão "economizava a goela" indica o uso de sentido figurado.

| HABILIDADES BNCC | |
|---|---|
| Ortografia | **(EF04LP01)** Grafar palavras utilizando regras de correspondência fonema-grafema regulares diretas e contextuais.<br>**(EF04LP02)** Ler e escrever, corretamente, palavras com sílabas VV e CVV em casos nos quais a combinação VV (ditongo) é reduzida na língua oral (ai, ei, ou).<br>**(EF05LP01)** Grafar palavras utilizando regras de correspondência fonema-grafema regulares, contextuais e morfológicas e palavras de uso frequente com correspondências irregulares.<br>**(EF35LP13)** Memorizar a grafia de palavras de uso frequente nas quais as relações fonema-grafema são irregulares e com h inicial que não representa fonema.<br>**(EF67LP32)** Escrever palavras com correção ortográfica, obedecendo as convenções da língua escrita. |
| Acentuação, pontuação e outras notações | **(EF04LP04)** Usar acento gráfico (agudo ou circunflexo) em paroxítonas terminadas em -i(s), -l, -r, -ão(s).<br>**(EF04LP05)** Identificar a função na leitura e usar, adequadamente, na escrita ponto final, de interrogação, de exclamação, dois-pontos e travessão em diálogos (discurso direto), vírgula em enumerações e em separação de vocativo e de aposto.<br>**(EF05LP03)** Acentuar corretamente palavras oxítonas, paroxítonas e proparoxítonas.<br>**(EF05LP04)** Diferenciar, na leitura de textos, vírgula, ponto e vírgula, dois-pontos e reconhecer, na leitura de textos, o efeito de sentido que decorre do uso de reticências, aspas, parênteses. |
| Morfossintaxe | **(EF04LP06)** Identificar em textos e usar na produção textual a concordância entre substantivo ou pronome pessoal e verbo (concordância verbal).<br>**(EF04LP07)** Identificar em textos e usar na produção textual a concordância entre artigo, substantivo e adjetivo (concordância no grupo nominal).<br>**(EF05LP06)** Flexionar, adequadamente, na escrita e na oralidade, os verbos em concordância com pronomes pessoais/nomes sujeitos da oração.<br>**(EF06LP04)** Analisar a função e as flexões de substantivos e adjetivos e de verbos nos modos Indicativo, Subjuntivo e Imperativo: afirmativo e negativo.<br>**(EF06LP06)** Empregar, adequadamente, as regras de concordância nominal (relações entre os substantivos e seus determinantes) e as regras de concordância verbal (relações entre o verbo e o sujeito simples e composto).<br>**(EF06LP07)** Identificar, em textos, períodos compostos por orações separadas por vírgula sem a utilização de conectivos, nomeando-os como períodos compostos por coordenação.<br>**(EF06LP08)** Identificar, em texto ou sequência textual, orações como unidades constituídas em torno de um núcleo verbal e períodos como conjunto de orações conectadas.<br>**(EF06LP09)** Classificar, em texto ou sequência textual, os períodos simples compostos.<br>**(EF07LP05)** Identificar, em orações de textos lidos ou de produção própria, verbos de predicação completa e incompleta: intransitivos e transitivos.<br>**(EF07LP06)** Empregar as regras básicas de concordância nominal e verbal em situações comunicativas e na produção de textos.<br>**(EF07LP07)** Identificar, em textos lidos ou de produção própria, a estrutura básica da oração: sujeito, predicado, complemento (objetos direto e indireto).<br>**(EF07LP10)** Utilizar, ao produzir texto, conhecimentos linguísticos e gramaticais: modos e tempos verbais, concordância nominal e verbal, pontuação etc.<br>**(EF07LP11)** Identificar, em textos lidos ou de produção própria, períodos compostos nos quais duas orações são conectadas por vírgula, ou por conjunções que expressem soma de sentido (conjunção "e") ou oposição de sentidos (conjunções "mas", "porém"). |

| | |
|---|---|
| **Coesão** | **(EF05LP07)** Identificar, em textos, o uso de conjunções e a relação que estabelecem entre partes do texto: adição, oposição, tempo, causa, condição, finalidade.<br>**(EF05LP27)** Utilizar, ao produzir o texto, recursos de coesão pronominal (pronomes anafóricos) e articuladores de relações de sentido (tempo, causa, oposição, conclusão, comparação), com nível adequado de informatividade.<br>**(EF06LP12)** Utilizar, ao produzir texto, recursos de coesão referencial (nome e pronomes), recursos semânticos de sinonímia, antonímia e homonímia e mecanismos de representação de diferentes vozes (discurso direto e indireto).<br>**(EF07LP12)** Reconhecer recursos de coesão referencial: substituições lexicais (de substantivos por sinônimos) ou pronominais (uso de pronomes anafóricos – pessoais, possessivos, demonstrativos).<br>**(EF07LP13)** Estabelecer relações entre partes do texto, identificando substituições lexicais (de substantivos por sinônimos) ou pronominais (uso de pronomes anafóricos – pessoais, possessivos, demonstrativos), que contribuem para a continuidade do texto.<br>**(EF35LP14)** Identificar em textos e usar na produção textual pronomes pessoais, possessivos e demonstrativos, como recurso coesivo anafórico.<br>**(EF67LP36)** Utilizar, ao produzir texto, recursos de coesão referencial (léxica e pronominal) e sequencial e outros recursos expressivos adequados ao gênero textual. |
| **As palavras e seus significados** | **(EF04LP03)** Localizar palavras no dicionário para esclarecer significados, reconhecendo o significado mais plausível para o contexto que deu origem à consulta.<br>**(EF05LP02)** Identificar o caráter polissêmico das palavras (uma mesma palavra com diferentes significados, de acordo com o contexto de uso), comparando o significado de determinados termos utilizados nas áreas científicas com esses mesmos termos utilizados na linguagem usual.<br>**(EF05LP08)** Diferenciar palavras primitivas, derivadas e compostas, e derivadas por adição de prefixo e de sufixo.<br>**(EF07LP03)** Formar, com base em palavras primitivas, palavras derivadas com os prefixos e sufixos mais produtivos no português.<br>**(EF35LP12)** Recorrer ao dicionário para esclarecer dúvida sobre a escrita de palavras, especialmente no caso de palavras com relações irregulares fonema-grafema.<br>**(EF67LP34)** Formar antônimos com acréscimo de prefixos que expressam noção de negação.<br>**(EF67LP35)** Distinguir palavras derivadas por acréscimo de afixos e palavras compostas. |
| **Outros recursos** | **(EF35LP30)** Diferenciar discurso indireto e discurso direto, determinando o efeito de sentido de verbos de enunciação e explicando o uso de variedades linguísticas no discurso direto, quando for o caso.<br>**(EF67LP38)** Analisar os efeitos de sentido do uso de figuras de linguagem, como comparação, metáfora, metomínia, personificação, hipérbole, dentre outras.<br>**(EF69LP17)** Perceber e analisar os recursos estilísticos e semióticos dos gêneros jornalísticos e publicitários, os aspectos relativos ao tratamento da informação em notícias, como a ordenação dos eventos, as escolhas lexicais, o efeito de imparcialidade do relato, a morfologia do verbo, em textos noticiosos e argumentativos, reconhecendo marcas de pessoa, número, tempo, modo, a distribuição dos verbos nos gêneros textuais (por exemplo, as formas de pretérito em relatos; as formas de presente e futuro em gêneros argumentativos; as formas de imperativo em gêneros publicitários), o uso de recursos persuasivos em textos argumentativos diversos (como a elaboração do título, escolhas lexicais, construções metafóricas, a explicitação ou a ocultação de fontes de informação) e as estratégias de persuasão e apelo ao consumo com os recursos linguístico-discursivos utilizados (tempo verbal, jogos de palavras, metáforas, imagens). |

| | |
|---|---|
| **Outros recursos** | **(EF69LP18)** Utilizar, na escrita/reescrita de textos argumentativos, recursos linguísticos que marquem as relações de sentido entre parágrafos e enunciados do texto e operadores de conexão adequados aos tipos de argumento e à forma de composição de textos argumentativos, de maneira a garantir a coesão, a coerência e a progressão temática nesses textos ("primeiramente, mas, no entanto, em primeiro/segundo/terceiro lugar, finalmente, em conclusão" etc.).<br><br>**(EF69LP43)** Identificar e utilizar os modos de introdução de outras vozes no texto - citação literal e sua formatação e paráfrase -, as pistas linguísticas responsáveis por introduzir no texto a posição do autor e dos outros autores citados ("Segundo X; De acordo com Y; De minha/nossa parte, penso/amos que"...) e os elementos de normatização (tais como as regras de inclusão e formatação de citações e paráfrases, de organização de referências bibliográficas) em textos científicos, desenvolvendo reflexão sobre o modo como a intertextualidade e a retextualização ocorrem nesses textos.<br><br>**(EF69LP54)** Analisar os efeitos de sentido decorrentes da interação entre os elementos linguísticos e os recursos paralinguísticos e cinésicos, como as variações no ritmo, as modulações no tom de voz, as pausas, as manipulações do estrato sonoro da linguagem, obtidos por meio da estrofação, das rimas e de **figuras de linguagem** como as aliterações, as assonâncias, as onomatopeias, dentre outras, a postura corporal e a gestualidade, na declamação de poemas, apresentações musicais e teatrais, tanto em gêneros em prosa quanto nos gêneros poéticos, os efeitos de sentido decorrentes do emprego de figuras de linguagem, tais como comparação, metáfora, personificação, metonímia, hipérbole, eufemismo, ironia, paradoxo e antítese e os efeitos de sentido decorrentes do emprego de palavras e expressões denotativas e conotativas (adjetivos, locuções adjetivas, orações subordinadas adjetivas etc.), que funcionam como modificadores, percebendo sua função na caracterização dos espaços, tempos, personagens e ações próprios de cada gênero narrativo. |